언더그라운드 니체

이 도서의 국립중앙도서관 출판시도서목록(CIP)은 서지정보유통지원시스템 홈페이지(http://seoji.nl.go.kr)와
국가자료공동목록시스템(http://www.nl.go.kr/kolisnet)에서 이용하실 수 있습니다.
(CIP제어번호: CIP2014003638)

언더그라운드 니체

고병권 지음

천천히, 그러나 대담한 날갯짓으로
다시 시작하려는 이들을 위하여

천년의상상

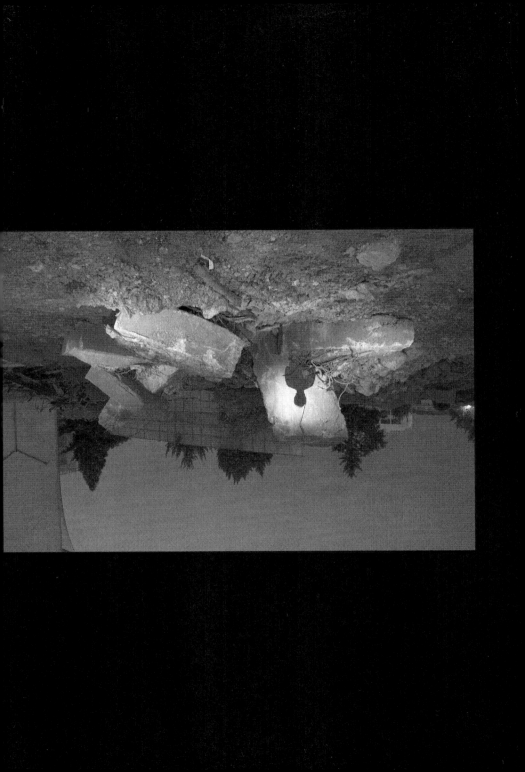

이 책에서 사람들은 '지하에서 작업하고 있는 한 사람'을 보게 될 것이다.

그는 뚫고 들어가고, 파내며, 밑을 파고들어 뒤집어엎는 사람이다.

— 니체, 《서광》 서문에서

몇 년 전 '언더그라운드'라는 단어가 홀씨 하나로 마음속에 굴러들었는데 이젠 싹을 틔우고 제법 자리를 잡았다. 언더그라운드, 모든 근거가 몰락하는 곳, 근거들의 근거 없음이 드러나는 곳, 그러나 어떤 근거도 그 위에서 세워질 수밖에 없는 곳. 3년 전 펴낸 《민주주의란 무엇인가》(그린비)는 하나의 시도였다. 모든 정체政體의 근거이자 한계와 몰락으로서, 하나의 정체이자 비정체로서, 나는 '민주주의'를 '언더그라운드'의 정치사상으로서 사유해보고자 했다.

몇 뼘이나 나아갔을까. '언더그라운드'는 내 안에서 여전히 자라고 있는 식물이다. 이 어린 식물을 벗 삼아 공부를 시작했다. 이 책도 이제 겨우 몇 걸음을 뗀 공부길의 표지이다. 본문은 '수유너머R'에서 진행한 니체의 《서광》*Morgenröthe*에 대한 강독 원고이다. 내게 '강독'은 저명한 학자들처럼 원숙한 공부의 결과물이 아니라 공부를 시작하고 진행하는 방편이다. 《서광》은 내게 공부의 길을 다시 보여주었다. 아직 아이는 없었다. 거기 서 있는 것은 임신부였고 고독이었고 침묵이었다. 그것은 철학자였다.

차례

■ 일러두기

– 《서광》을 비롯하여 이 책에 인용된 니체의 저작들은 책세상에서 번역 출간한 '니체 전집'(KGW)의 내용을 바탕으로 한 것이며, 단행본이나 논문 형태의 유고를 구분하지 않고 모두 《 》로 표기합니다. 다만 저작물의 제목이나 본문 내용 일부를 지은이가 독일어 원서를 참고해 수정하기도 했습니다.

– 스피노자의 《에티카》(서광사, 1990) 역시 번역을 수정해 인용한 곳이 있습니다.

– 본문 하단의 각주(※)는 독자의 이해를 돕기 위해 지은이가 부연한 것이며, 인용문의 출처를 밝히는 경우에는 해당 인용 사항 옆에 따로 주를 달고 번호를 붙였습니다.

– 본문에 실은 사진은 모두 노순택의 작업입니다.

제 I 장

지하에서 작업하고 있는 사람

심연은 어디에나 있다. 대지에도, 바다에도, 저 짙푸른 하늘에도 있다. 물론 내면의 수직 갱도를 파내려갈 의향만 있다면 당신 안에도 있다. 《백경》의 작가 멜빌은 "사유의 잠수자들은 충혈된 눈을 하고 표면으로 올라왔다"고 했다. 심연을 다녀온 고래의 충혈된 눈. 당신은 어디를 다녀왔는가. 당신의 사상가는 어디에 있는가. 고래들은 땅에 살고 바다에 살며 하늘에 산다. 그리고 당신 안에 산다. 깊은 곳, 아니 깊이를 잴 바닥보다도 깊어서 깊이 자체가 사라진 곳, 그곳을 다녀온 사상가들은 그 눈을 징표로 갖고 있다.

I

니체와 철학

《서광》을 읽기 시작하면서 나는 책 제목을 하나 떠올렸다. 그 출간 자체가 니체 해석의 역사에서 작지 않은 사건이었던 책, 바로 《니체와 철학》*Nietzsche et la philosophie*(1962)이다. 왜 들뢰즈는 '니체의 철학'이 아니라 '니체와 철학'이라고 했을까. 그 이유는 모르겠지만 내게 '니체와 철학'이라는 말은 많은 생각을 하게 한다.

'니체와 철학'이라는 말에서 니체와 철학은 서로 '바깥'에 있으면서 동시에 '와'라는 접속사를 통해, 말 그대로 접속해 있다. 이 말에는 '니체의 철학'이라고 했을 때 풍기는 '소유' 내지 '소속'의 냄새가 나지 않는다. 철학은 니체에 속하는가(더 나아가 철학자는 철학과 소유 관계를 맺는가). 그리고 니체는 철학에 속하는가(우리는 니체를 철학 공동체에 소속된 자로 보아야 하는가). 내 생각에 '니체'와 '철학'은 어떤 관계를 맺고 있지만, 서로의 소유물도 아니고 서로에게 소속되어 있지도 않다. 우리가 '니체의 철학'을 말할 수 있다면 그것은 오직 '니체'와 '철학'이 맺는 어떤 관계를 통해서이다.

먼저, 니체의 작업은 '참된 것의 인식'이라는 철학의 전통적 과제 바깥에 있다. 오히려 니체는 그런 일의 의미를 묻고, 참된 것에 대한 '앎의 의지' 내지 '인식충동'의 가치를 평가하려고 한다. 니체가 '계보학'Geneologie이라고 부른 작업은 '인식'이나 '발견'이라기보다는 '해석'이고 '평가'이다. 푸코의 말을 빌리면, 니체는 "기호를 증가시킨 사람이 아니라, …… 기호의 성질을 바꾸어놓았으며 기호가 해석될 수 있는 방식을 수정했다"[1](푸코는 니체만이 아니라 프로이트와 마르크스가 모두 여기에 해당한다고 말하고 있다).

1　Michel Foucault, "Nietzsche, Freud, Marx", 정일준 편역, 《자유를 향한 참을 수 없는 열망》, 새물결, 1999, 35쪽.

니체 스스로는 자신의 아포리즘들이 '해독'解讀의 대상이 아니라 '해석'의 대상이며, 우리에게 필요한 것은 해석의 기술 Kunst der Auslegung이라고 했다. 니체는 《도덕의 계보》Zur Genealogie der Moral의 세 번째 논문을 이렇게 소개한다. "올바르게 새겨 넣으며 쏟아낸 아포리즘은 읽는다고 해도 '해독'되는 게 아니다. 오히려 이제 비로소 그 해석이 시작되어야만 하며, 거기에는 해석의 기술이 필요하다. 이 경우 내가 '해석'이라 부르는 하나의 모범을 이 책 세 번째 논문에서 보였다. 이 논문의 맨 앞에는 하나의 아포리즘이 있으며 논문 자체는 이에 대한 주석이다."[2]

2　《도덕의 계보》, 서문, 8절.

그러나 오해하지 말아야 한다. 해석이란 어떤 사물이나 현상을 발견하고 인식한 후에 수행되는 일이 아니다. 해석은 결코 이차적인 작업이 아니다. 오히려 우리는 사물에 대해 해석하기

전에 하나의 해석으로서 사물을 받아들인다. 이를테면 우리는 '오늘 아침에 기분 나쁜 일을 겪었다'고 말하지만, 그 이전에 우리는 그 일을 기분 나쁜 것으로 해석했다고 할 수 있다. 즉 우리는 우리가 해석한 것을 겪는 셈이다.

슬픈 일, 기쁜 일, 무덤덤한 일

우리는 사물 자체, 일 자체를 겪지 않는다. 우리가 겪는 일이란 항상 '슬픈 일', '기쁜 일', '무덤덤한 일'이다. 그런데 그것이 바로 해석이다. 반복해서 말하지만, 우리는 해석한 것을 겪는다. 니체가 《선악의 저편》에서 했던 유명한 말을 우리는 이런 맥락에서 이해할 수 있다. "도덕적 현상이란 없다. 현상에 대한 도덕적 해석이 있을 뿐."[3]

3 《선악의 저편》, 108절.

그런데 니체는 한 걸음 더 나아가 우리가 겪는 일만이 아니라 우리의 '자아' 역시 하나의 해석일 뿐이라고 말한다. 《서광》에서 쓴 표현을 빌리면, '자아'란 우리의 체험에 덧붙여진 하나의 '주석'이며,[4] "우리 자신Selbst이라는 분명한 철자에 대한 오독"[5]이다. 그것은 우리 안에서 일어나는 다양한 일, 우리가 느끼지만 알지 못하는 다양한 일에 하나의 가상적 통일성을 부여한 것에 지나지 않는다(이에 대해서는 3장에서 자세히 다룰 것이다). 어떻든 우리는 니체를 통해, 우리에게 주어진 하나의 기호가 이미 '해석된 것'이며, 우리의 '해석'은 항상 '해석에 대한 해석'의 형식을 취한다는 것을 이해하게 되었다.

4 《서광》, 119절.

5 《서광》, 115절.

다시 처음의 문제로 돌아가보자. 우리가 '니체의 철학'에 대해 말할 수 있을까. 나는 '니체'와 '철학'이 맺고 있는 이중의 관계를 생각함으로써만 그것이 가능하다고 생각한다. 우선 '니체의 철학'은 '철학하기'의 의미와 가치를 따져 묻는 것을 통해 이루어진다. 철학 활동 자체를 평가의 대상으로 삼는 게 '니체의 철학'이라는 말이다. 다른 한편으로 '니체의 철학'은 가치의 유래와 발생을 따져 묻는 일('가치의 가치'를 묻는 것) 일반을 가리킨다고도 볼 수 있다(철학=계보학). 그 가치가 어떤 종류의 것이든(인식적인 것이든 도덕적인 것이든 종교적인 것이든 경제적인 것이든 상관없이), 니체의 철학은 가치 일반에 대한 비판적 활동이라고 할 수 있다. 첫 번째 측면이 특정한 학문 분과로서의 철학에 대한 니체의 비판 활동을 가리킨다면, 두 번째 측면은 가치에 대한 평가(비판) 일반으로서 '니체의 철학'을 바라보는 것이라고 할 수 있다.

이런 맥락에서 우리가 '니체의 철학'이라는 말을 사용한다면, 우리는 그것이 왜 전통적 철학의 모습과 그리도 다른지 이해할 수 있을 것이다. 니체의 철학은 정말로 다양한 형태의 비非철학적 외관을 하고 있다. 이를테면 지금 우리가 함께 읽는《서광》에서 니체는 뛰어난 심리학자의 외양을 하고 있다. 우리는 여기서 프로이트의 작업을 선취한 것처럼 보이는 여러 구절을 만날 수 있다. 도덕적 행동 뒤에 숨겨진 심리적 책략, 꿈에 대한 분석, 자아와 그 이면에 존재하는 무의식적 충동에 대한 분석. 니체는 인간 '내부세계'의 깊은 곳을 탐사하는 탐험가처럼 인간 행동의 다양한 심리적 동기와 충동을 추론했다.

니체의 철학은 자연학, 특히 진화론이나 유전학의 외양을 띠고 나타날 때도 있다. 도덕적 감각의 변천을 다룰 때('도덕의 자연사'), 어떤 환경과 어떤 섭생이 거기에 개입했는지, 그것들이 어떻게 모방되고 또 유전되었는지를 따질 때 그는 자연학적 태도를 취한다. 어떤 이의 행동을 이해하는 데는 그 자신의 설명보다 그의 가계를 살펴보는 것이 더 나을 때가 있다. 《서광》의 한 구절을 인용해보자면, "판단과 가치평가는 감정(호감과 반감)의 형태로 유전된다. …… 이런 판단은 어쨌든 그대 자신의 것이 아니다! 자신의 감정을 신뢰하는 것은 우리 내부에 깃든 신들보다는 우리의 조부와 조모, 더 나아가 이들의 조부모에 복종하는 것을 의미한다."[6]

니체의 철학은 생리학과 의학의 외양을 띠기도 한다. '철학자'를 자부할 때 그는 종종 '철학하는 의사'라고 스스로를 불렀다.[7] 그의 철학적 평가는 진단과 처방처럼 표현된다. 그는 어떤 인물의 행동이나 역사적 사건의 유래를 생리적 문제에서 찾을 때도 있다. 이를테면 카이사르가 "강행군, 지극히 단순한 삶의 방식, 끊임없는 노숙, 지속적 혹사"를 감행했던 것은 자신이 앓던 병과 두통에서 스스로를 방어하기 위해서였다고 말할 때[8] 그렇다. 또 '전쟁'이 어떤 민족에게는 생기 없고 비참해져가는 자신에 대한 처방으로 제시될 수 있다고 말할 때[9]가 그렇다. 불교와 기독교를 대비시킬 때도 그는 생리적 문제나 위생의 문제를 부각하여 드러냈다. 불교의 '탁발'은 부패를 막는 뛰어난 조치였던 데 비해 기독교가 자라난 '카타콤'은 비위생적 환경 때문에 원한 같은 감정이 생겨나기 좋다고 했다. 또 그는 종교

6 《서광》, 35절.

7 《즐거운 지식》, 2판 서문, 2절.

8 《우상의 황혼》, 어느 반시대적 인간의 편력, 31절.

9 《인간적인 너무나 인간적인》 II, 187절.

의 계율을 그 종교에 고유한 생리학적 조건과 관련지었다. 불교의 "세밀하게 고통을 느끼는 감수성"과 "지나친 정신화", 본능에 해를 끼칠 정도로 지독하게 진행되는 논리적 추론 등에서는 '우울증'이 유발될 수 있기 때문에 부처는 야외생활과 유랑, 절제되고 선택된 식생활이라는 조치를 취했고, 그것이 불교의 계율이 되었다는 것이다.[10]

10 《안티크리스트》, 20절.

부지런함, 대담함, 박식함

니체 철학의 이런 다양한 외양은, 이제 우리가 읽어볼 《서광》의 맥락에서 보자면, 그가 지닌 '문헌학자'의 면모를 통해 모두 종합되는 것 같다.[11] 고전 문헌학 교수직을 그만둔 뒤였는데도 니체는 《서광》 서문에 이렇게 적었다. "아마 나는 여전히 문헌학자다."[12] 우리에게는 텍스트가 있으며 그것을 잘 해석해야 한다. 그것은 심리적 책략과 배후의 충동을 읽어내는 것이기도 하고 환경과 유전, 섭생 그리고 신체를 읽어내는 것이기도 하기 때문이다. 모든 것은 하나의 기호이고 조짐이고 증상이다.

11 Eric Blondel, "The Question of Genealogy," *Nietzsche, Genealogy, Morality: Essays on Nietzsche's Genealogy of Morals*, University of California Press(Berkeley and Los Angeles), 1994, p. 310.
12 《서광》, 서문, 5절.

니체는 도덕에 대해 "그것은 단지 특정 현상들에 대한 해석이고 더 정확히 말하자면 그릇된 해석에 불과하다"고 말하면서도, "도덕 판단은 증후학Semiotik으로서는 대단히 가치가 있다"고 평한다. 그것은 "자기에 대해 충분히 알지 못해서 스스로를 '이해하지' 못하고 있는 여러 문화나 내면세계의 가장 귀중한 실상을 알려준다. 도덕은 단지 기호언어에 불과하며, 증후학Symptomatologie일 뿐이다."[16] 요컨대 우리가 밤에 꾸는 꿈, 우리가 어떤 대상에 대해 느끼는 호감과 반감, 한 시대의 도덕적 판단, 한 문화에 대한 다른 문화의 경멸 등 이 모든 것은 하나의 징후Zeichenrede[기호]이며, 우리는 거기서 무언가를 읽어내야 한다. 우리에게는 "알려지지 않은 그러나 느껴지는" 텍스트가 주어져 있다.[17] 니체 철학은 이 점에서 분명 문헌학이다.

16 《우상의 황혼》, 인류를 개선하는 자들, 1절.

17 《서광》, 119절.

이처럼 '니체의 철학'(우리가 이제 이 말을 써도 좋다면)은 우리가 아는 철학과 매우 다른 모습을 하고 있다. 나는 니체가 연구자들에게 촉구한 '부지런함'과 '대담함' 그리고 '박식함'이 단순한 덕담만은 아니라고 생각한다.※ 여기에는 철학이란 서재 바깥에 존재하며(문밖에서, 무엇보다 길에서!),[20] 철학자(니체적 철학자)가 되기 위해서는 철학의 앎을 넘어서야 한다는 주장이 담겨 있다.

20 《즐거운 지식》, 366절.

니체의 철학, 그것은 철학의 타자 속에서 철학을 하는 것이

※　니체는 도덕을 다루는 계보학자의 작업을 '상형문자'를 읽어내는 것에 비유하기도 했다. "도덕 계보학자에게 어떤 색은 푸른색보다 백 배나 더 중요할 수 있다는 것은 명백하다. 즉 그것은 말하자면 회색인데, 문서로 기록된 것, 실제로 확증할 수 있는 사실, 실제로 있었던 것이다. 간단히 말하면, 오랫동안 판독하기 어려웠던 인간의 도덕적 과거사의 상형문자 전체다!"[13] 니체만이 아니라 마르크스와 프로이트 역시 자신들이 해석하고자 하는 주요한 개념적 대상을 '상형문자'에 비유했다. 마르크스는 상품의 '가치'에 대해 말하며 "각각의 노동생산물을 하나의 사회적 상형문자로 전환시킨다"고 했다. 그리고 "인간은 이 상형문자의 의미를 해독하여 그들 자신의 사회적 비밀을 해명"하려 한다고 했다.[14] 프로이트는 꿈에 대해 이 비유를 사용했다. 그에 따르면 '꿈-내용'은 '꿈-사고'를 상형문자로 쓴 것과 같다. 그는 '꿈-작업'과 '꿈-해석'의 관계를 "고대의 상형문자로 글을 쓴 사람과 읽는 사람의 관계"에 비유하기도 했다.[15]

13 《도덕의 계보》, 서문, 7절.

14 K. Marx, 김수행 옮김, 《자본론》, I(상), 비봉출판사, 2009, 95쪽.

15 S. Freud, 김인순 옮김, 《꿈의 해석》, 열린책들, 2009, 335쪽, 404쪽.

고, 철학을 하기 위해 철학의 외부로 나아가는 것이며, 그런 철학함을 통해 무엇보다 철학을 '타자'로 만드는 작업이 아닐까 싶다. 니체는 우회로Umweg를 통해 철학을 했고, 철학을 하나의 우회로로 만들었다(우리는 '우회로'로서 철학이 갖는 의미를 6장에서 다룰 것이다). 물론 이러한 철학은 '현재의 철학'에 속하지 않는다. '현재'에 속하지 않을 뿐만 아니라 '공동체'에 속하지도 않는다.*** 니체의 철학은 시대와 관계하지만 항상 비시대적인 것으로서 관계하고, 공동체와 관계하지만 그 공동체의 성원이 아닌 자로서 관계한다. 니체의 철학, 그것은 무엇보다 타자로서의 철학이고, 타자가 되는 철학이며, 그 전에 철학을 타자로 만드는 철학이다. 니체의 철학은 자기 시대와 공동체를 찬양하는 어용성을 탈각할 때 시작된다. 니체는 그것을 '미래의 철학'이라 했고, 자기의 날이 '내일 이후'에 있다고 했다.

*** 다음 글을 참고하라. "이러한 전망이 나에게 펼쳐진 이래, 나 스스로 박식하고 대담하며 부지런한 동료를 찾으려고 한 이유가 있었다(나는 오늘날에도 여전히 그 일을 하고 있다). 오직 새로운 물음만을 가지고, 말하자면 새로운 눈을 가지고 도덕의—실제로 존재했고, 실제로 생명을 지녔던 도덕의—광막하고 아득하며 숨겨진 땅을 여행해볼 필요가 있다. 그리고 이것은 이 땅을 처음 발견하는 것과 거의 같은 일이 아닐까?"[18] 그리고 "부지런한 연구자들을 위한 제언—오늘날 도덕적인 문제를 연구하려 하는 사람은 엄청나게 광범위한 영역의 연구를 개척해야 할 것이다. 모든 종류의 열정이 하나하나 고찰되고 시대와 민족, 크고 작은 일들이 낱낱이 추적되어야 할 것이다. 모든 이성과 가치평가 전체, 사물들에 대한 조명에 빛이 가해져야 할 것이다. 지금까지는 현존재에 색채를 부여하는 모든 것이 아직 그 역사를 지니지 못하고 있다."[19]

18 《도덕의 계보》, 서문, 7절.

19 《즐거운 지식》, 7절.

**** 니체의 철학은 '소속'과 '소유'에 대한 결정불가능성을 끊임없이 제기한다. 이 책 제5장을 참고하라.

2

서광

—밤을 지나 새벽으로

자, 이제 책을 펼치고 들어가보자. 우리는 첫 문장에서 한 사람을 만난다. 지하에서 작업하고 있는 한 사람Unterirdischen, 한 사람의 철학적 광부. "뚫고 들어가고, 파내며, 밑을 파고들어 뒤집어엎는 사람", "그는 오랫동안 빛과 공기를 맛보지 못하면서도 한마디 고통도 호소하지 않는다." 지하에서 묵묵히 일하던 이 '두더지'가 역사의 어느 때엔가, 아니 비역사적 어느 때엔가, 아니 '때 아닌 어느 때'엔가 불쑥 고개를 들고 말할 것이다. 하지만 그때까지는 그가 "땅속에서 무엇을 하고자 했는지 묻지 말라." 그가 저 지하에서 무엇을 하고자 했는지, 그가 도대체 어떤 밤을 지나왔는지.

니체는 5년이 지나서야 '뒤늦은 서문'을 썼다.※ 그러고는 자신이 얼마나 험난한 밤을 보냈는지, 얼마나 위험한 곳에 다녀왔는지를 말했다. 그는 죽을 뻔했다고 했다("자칫하면 추도문이나 조사書詞가 실릴 뻔했다"). 니체는 《반시대적 고찰》*Unzeitgemaesse Betrachtungen*에서도 비슷한 경고를 한 적이 있다. 우리 자신을 되찾기 위해 내면의 수직 갱도를 파고 들어가는 일은 불가피하지만 매우 위험한 일이라는 것이다. "우리는 어떻게 자신을 다시 찾을 수 있는가? 인간은 어떻게 자신을 알 수 있는가? 인간은 어둡고 베일에 싸여 있는 것*Sache*이다. 토끼의 껍질이 일곱이라면, 인간은 일흔 번 곱하기 일곱 번씩이나 껍질을 벗겨야 하며, 그래도 '그게 정말 너야, 이제 껍질이 아니야'라고 말할 수 없다. 게다가 그런 식으로 자신을 파헤쳐서, 가장 가까운 길로 무리하게 자기 본질의 수직 갱도로 내려가는 것은 고통스럽고 위험한 일이다. 그렇게 하면서 그는 어떤 의사도 고칠 수 없을 만큼 심한 상처를 입을 수도 있다."[21]

21 《반시대적 고찰》, 교육자로서의 쇼펜하우어, 1절.

※   이 서문은 5년이 지나서, 다시 말해 1886년에 쓴 것이다. 흥미롭게도 이 해에 니체는 이미 출간된 책들에 몇 개의 서문을 새로 덧붙였다. 《비극의 탄생》*Die Geburt der Tragödie*에 붙인 서문 '자기비판의 시도', 《인간적인 너무나 인간적인》*Menschliches, Allzumenschliches* 제2권의 서문, 《서광》과 《즐거운 지식》*Die fröhliche Wissenschaft* 2판 서문 등이 모두 이때 추가된 것이다. 이 서문들은 새로 단 조명처럼, 벽에 걸린 작품 전체의 색조를 변화시키고 있다. 이 서문들을 통해 우리는 '긍정'이 니체에게서 확고한 지위를 차지하게 되었으며 '부정'의 전투(변증법을 포함해서)가 남긴 얼룩들이 거의 사라졌음을 확인할 수 있다.

지하세계 탐사 보고서

《서광》은 니체가 저 지하의 세계, 저 깊은 갱도 아래의 세계를 탐사하고 난 후에 제출한 보고서라 할 수 있다. 어쩌면 우리는 그것을 탐사 보고서라기보다는 전투와 결별의 기록이라고 불러야 할지 모르겠다. 그는 이때의 자신에 대해 이렇게 말했다. "도덕이라는 이름 아래 경외되고 심지어는 숭배되기까지 했던 모든 것"과 결별했노라고. 만약 이 시기—《인간적인 너무나 인간적인》(1878)에서 《즐거운 지식》(1882)까지—의 니체를 《차라투스트라는 이렇게 말했다》*Also sprach Zarathustra*(이하 "《차라투스트라》")에 나오는 세 가지 변용에 빗대어 표현한다면 '사자의 시대'라 말할 수 있지 않을까.[22] 시대를 지배하는 가치들에 대한 철저한 비판. 사람들이 오랫동안 숭배해온 낡은 믿음, 철학자들이 자기 철학을 구축하는 지반으로 삼아온 근본 믿음에 대한 철저한 공격. 그는 한때 근대 부르주아 문화의 위선에 반대하며 심층의 어떤 진정성을 추구했다. 그러나 이제는 그 모든 것이 '마술적 열광'이거나 기껏해야 '낡은 형이상학'임을 알게 되었다. 그는 점차 실증 과학에 관심을 갖게 된다. 물리학·생물학·의학 책을 이때 읽었다.※

　볼테르에게 헌정했으며 '자유정신을 위한 책'이라는 부제를

[22] Gilles Deleuze, 박찬국 옮김, 《들뢰즈의 니체》 *Nietzsche*, 철학과현실사, 2007, 17쪽.

※　"이때부터 나는 사실상 생리학과 의학과 자연과학 공부 외에 다른 일은 전혀 하지 않았다."[23] 참고로 《인간적인 너무나 인간적인》의 서두에 등장하는 두 아포리즘은 '개념과 감각의 화학' 그리고 '철학자들의 유전적 결함'이다.

[23] 《이 사람을 보라》, 나는 왜 이렇게 좋은 책들을 쓰는지—인간적인 너무나 인간적인, 3절.

단, 《인간적인 너무나 인간적인》은 니체가 시대정신에 대해 본격적 개전開戰을 선포한 책이라고 불러도 좋을 것이다. 《서광》을 쓰기 전 그가 겪은 '밤', 그 어둠 속에서 니체가 무슨 일을 했을지 우리는 이 책에서 짐작할 수 있다.

> (《인간적인 너무나 인간적인》에서는) 이상Ideal이 안주하고 있는 모든 은신처를 다 알고 있는 무자비한 정신umbarmherzigen Geist — 이상의 성내城內 지하감옥, 말하자면 이상이 최후의 은신처로 갖고 있는 곳을 다 알고 있는 정신이 발견된다. '망설이지 않는' 빛을 발하는 횃불을 손에 들고서 이상의 지하세계를 구석구석 날카롭게 밝혀 비춘다. 그것은 전쟁이다. 하지만 화약도 연기도 전투태세도 없으며 파토스도 사지의 탈골도 없는 전쟁이다.[24]

24 《이 사람을 보라》, 나는 왜 이렇게 좋은 책들을 쓰는지—인간적인 너무나 인간적인, 1절.

천재도, 성인도, 영웅도, 그리고 마침내는 신앙까지 모두 얼려 죽이는 차가운 비판. 이를 통해 그는 프로이센의 민족주의를 떠났고, 바그너의 음악을 떠났고, 교수직을 떠났다. 바그너의 음악은 '하나의 아편'이었고, 교수직은 "본능에 역행해서 선택된 활동이자 소명"이라고 했다. 적절하지 않은 시기에 내린 결정으로 짐짝을 떠안게 된 것이며 이 때문에 쇠약해지고 있다고도 했다.[25]

25 《이 사람을 보라》, 나는 왜 이렇게 좋은 책들을 쓰는지—인간적인 너무나 인간적인, 3절.

그런데 이 시기 '시대적인 것'에 대한 그의 구토는 실제 건강과도 관련이 있었다. 그가 《서광》 서문에 간신히 살아남았다고 쓴 것은 과장이 아니었다. 그의 비판은 정말 목숨이 위태로울 정도로 악화된 건강 속에서 수행되었다. 《서광》을 쓰던 1880년 그는 이렇게 말했다. "끊임없는 고통, 매일 몇 시간에 걸쳐서 뱃멀미에 유사한 느낌이 계속된다. 몸이 반쯤 마비되어 말하기조차 어렵다. 그리고 그것을 잊게 하는 것은 격렬한 발작뿐이다(그전의 발작 때 나는 3일 밤낮 동안 구토를 계속했다. 나는 죽고 싶었다……). 내가 이 끊임없는 고통을 당신에게 묘사할 수 있을까. 머리와 눈을 불로 달군 집게로 괴롭히는 것 같은 끊임없는 고통, 머리에서 발끝까지 마비시키는 이러한 느낌을."[26] 전해에는 편지에 이런 말을 쓰기도 했다. "어떤 날에는 밤이 지나면 더 이상 살아 있을 것 같지 않은 생각이 들었다."

26 G. Deleuze, 박찬국 옮김, 《들뢰즈의 니체》, 철학과현실사, 2007, 16쪽 재인용.

그래도 《서광》은 해빙기이며 최소한 이른 봄의 향기를 담고 있다. 그는 1879년에 쓴 〈방랑자와 그의 그림자〉(《인간적인 너무나 인간적인》 제2권)를 '내 생명력의 최소치'라고 불렀다. 그리고 다음 해 겨울 어떤 안락함과 명철함, 명랑성으로 《서광》을 기술했다고 했다. 하지만 이 밝은 기운은 사실 극도의 고통과 양립한 것이었다고 했다.

이 작품에 반영된 내 정신의 완벽한 명철, 명랑, 그 풍부함마저도 내게서는 극도의 심적인 약함과 양립할 수 있었다. 그뿐 아니라 심지어는 과도한 고통과도 양립할 수 있었다. 힘들게 위액을 토하게 했던 사흘 동안 지속된 편두통의 고문에 시달리는 와중에—나는 변증론자의 탁월한 명석함을 갖추고 있었으며, 사물에 대해 아주 냉철하게 숙고했다.

그리고 이렇게 덧붙였다. "그보다 양호한 상태였다면 나는

언더그라운드 니체

27 《이 사람을 보라》, 나는 왜 이렇게 현명한지, 1절.

그렇게 숙고하지 못했을 것이고, 그럴 수 있을 만큼 충분히 예리하지도 냉정하지도 못했을 것이다."[27]

그러니까 니체는 《서광》에 대해 '고통에도 불구하고 명석함을 유지했다'고 말한 게 아니다. 그는 고통이 제공해준 명석함으로 이 책을 쓸 수 있었다고 했다. 우리가 읽어나갈 《서광》 제2권의 114절('고통을 통해 획득된 인식에 대하여')은 이런 인식이 어떻게 획득된 것인지를 짐작게 한다. 나는 이 아포리즘을 이시기 니체 자신의 체험으로 읽는다. 그중 몇 토막을 인용한다.

"무서운 병고에 시달리는 사람은 자신의 상태에서 섬뜩할 정도로 냉정하게 세계를 내다본다. 그에게서는 건강한 사람의 눈이 보는, 사물을 둘러싸고 있는 저 보잘것없고 기만적인 매력들이 사라진다."

"병자는 건강한 사람이 거리낌없이 거니는 저 안개에 둘러싸인 편안하고 따뜻한 세계를 경멸과 함께 상기한다."

그는 자신의 건강이 최소치에 다가갈수록 자신을 추어올린다. 침체된 건강 때문에 삶에 대한 혐오가 나타나지 않도록 말이다.※ 이때 경멸받는 것은 자신이 아니라 세계이다. 아프지 않았을 때는 아무 생각 없이 받아들이던 것을 이제는 냉철하게 따져 묻는 것이다. 아마도 이때의 고통은 세계를 판단하는 재

28 《이 사람을 보라》, 나는 왜 이렇게 현명한지, 2절.

※ "내 생명력이 가장 낮았던 그해는 내가 염세주의자임을 그만두었던 때이다. 나의 재건 본능이 내게 낙담과 비참의 철학을 금지해버렸던 것이다."[28]

판관이 감당해 마땅한 현실이리라. 그는 계속해서 말한다. "재판관으로서 너의 우월을 향유하라! …… 네 방자함을 향유하라! 네 삶 위에 올라가 너의 괴로움을 내려다보고, 네 삶 위에 올라가 깊은 바닥과 심연을 내려다보라!" 그는 그런 오만과 방자함을 통해 "염세주의에 필사적으로 저항" 했다.

천진난만함, 원숙함

하지만 몸이 완쾌의 징후를 보이는 순간 전략은 뒤바뀐다. 고통을 이겨내는 데 도움을 준 긍지와 오만에 감사를 표할 시간도 없이 그는 그것들에 대한 '해독제'를 강력하게 요구한다. 병을 세상과 거리를 두는 수단으로 삼았던 그가 이제는 세상 속으로 걸어 들어갈 것을 요구한다. 고독 속에서 나와 인간과 세상을 향해 다가가는 것이다. 그때 그는 자신이 과거에 알던 것들이 병을 체험하기 전과는 아주 달라 보인다는 것을 깨닫는다. "우리는 딴 사람이 된 것처럼 지켜본다. 온화하게 그리고 여전히 피로를 느끼면서. 이 상태에서 눈물을 흘리지 않고는 음악을 들을 수 없다."

  질병과 치유의 체험. '병으로부터' 보는 것과 '건강으로부터' 보는 것, 이 둘 중 특권을 갖는 관점은 없다. 각각의 관점〔퍼스펙티브〕은 고유성이 있다. 이는 '병'을 낭만주의적으로 미화하는 것도 아니고,※ 어떤 상대주의를 주장하는 것도 아니다. 무슨 말일까. 한편에서 병은 니체에게 건강에 못지않은 중요한 시각을 제공해주었다(건강도 그렇다). 그러나 더 깊은 차원에서 보면 여기에는 개별 건강상태를 넘어서는 하나의 건강함, 니체가 '위대한 건강'이라 불렀던 것이 들어 있다.※※※ 아플 때는 염세적이지 않도록 오만함을 스스로 처방하면서 그때의 상황을 활용해 건강한 자들이 보지 못하는 것을 보고, 건강할 때는 오만을 버리고 세상 속으로 들어가 거기서만 가능한 통찰을 얻어낸다.

어린아이에게서는 유치함이 아니라 천진난만함을 보고 노인에게서는 노쇠함이 아니라 원숙함을 보듯 그는 각각의 건강, 각각의 높이에서만 가능한 통찰을 얻고 거기서만 볼 수 있는 힘을 얻으려고 했다. 가장 높은 곳에서 가장 깊은 곳까지 옮겨다니지만, 높이나 깊이는 위계를 형성하지 않는다. 모든 시각은 고유한 통찰을 가능케 하며 서로 관점을 전환하게 해주는 수단이 된다. 그는 자신이 대가라면 바로 이 분야에서 그렇다고 했다.[31] 이것이 그의 '투시법(관점주의Perspektivismus)'이다. 그리고 이것이 그가 아플 때에도 병적이지 않았다고 말하는 이유이다. 그는 아플 때든 건강할 때든 삶에 이로운 행동을 했고 건강한 태도를 가졌다.

그러므로 니체가 '위대한 건강'을 가졌다고 말한 것은 그에

31 《이 사람을 보라》, 나는 왜 이렇게 현명한지, 1절

29 《인간적인 너무나 인간적인》 II, 서문, 2절.
30 《니체의 위험한 책, 차라투스트라는 이렇게 말했다》, 그린비, 2003.

※ 〈혼합된 의견과 잠언들〉과 〈방랑자와 그의 그림자〉에 대해 니체는 그것들이 《인간적인 너무나 인간적인》의 속편으로 따로 간행된 것이지만 동일한 치료, 즉 "반낭만주의적 자기치료의 연장이자 강화"라고 불렀다.[29]
※※※ 10여 년 전 '질병과 치유의 체험'이라는 제목으로 니체의 생애를 바라보면서 내가 말하고자 했던 바가 이것이다.[30]

게 '병이 없었다'거나 그의 죽음이 '병과 무관하다'는 뜻은 아
니다. 들뢰즈가 잘 말한 것처럼, "정신착란에 이른 니체는, 정
확히 말해서 이러한 이동성과 이동의 기법을 상실한 니체는 자
신의 건강에 의거해서 병으로부터 건강을 보는 관점을 더 이상
가질 수 없었다."[32]■ 말 그대로 그는 건강을 잃었고, 생물학적
죽음 이전에 작가로서, 철학자로서, 어떤 죽음을 맞이했던 것
이다.■■

[32] G. Deleuze, 박찬국
옮김, 《들뢰즈의 니체》,
철학과현실사, 2007, 18쪽.

■　　들뢰즈는 니체 최후의 '정신착란'을 그의 '마지막 가면'이 아니었을까 생각한
다. "(그때의) 광기는 단지 가면들이 소통하고 이동하는 것을 그치면서 죽음의 경직
안에서 뒤섞이는 순간을 가리킬 뿐이기 때문이다."[33]

[33] G. Deleuze, 박찬국
옮김, 《들뢰즈의 니체》,
철학과현실사, 2007, 18쪽.

■■　　참고로 《서광》 제2권 114절에 나타난 니체의 '질병과 치유의 체험'은 제1권
52절에 나타나는 '영혼의 질병을 치료해온 엉터리 치료제'와 좋은 대비를 이룬다.
'고통 속에서 새로운 인식'을 얻는 대신, 고통 자체를 '위로', '진정', '마취' 등을 통
해 없는 것'처럼' 만드는 것. 그런 식으로는 병에 대한 자각만 늦출 뿐 치유의 힘을
키우지 못한다. 이는 니체가 비판하곤 했던 '영혼의 의사들', 즉 기독교 사제들과 그
들의 가면이었던 철학자들의 처방이었다.

3

계보학자와 광부 그리고 근거의 몰락

이제《서광》이라는 책으로 좀 더 다가가보자. 일단 책 제목인 'Morgenröthe'를 내가 '서광曙光'으로 옮기는 이유를 간략히 말해두고 싶다. 글자 그대로는 '아침놀'이라는 말로 옮길 수 있겠지만, 이 책의 제목에는 철학하는 시간을 '황혼녘'에 둔 헤겔과 대비되는 니체 자신의 철학하는 시간이 나타나 있다.※

　니체에게 철학은 하루 일을 마친 후의 반성 같은 것이 아니다. 니체가 볼 때 황혼은 피로가 몰려오는 시간이다. 술 취한 사람의 말이 그 내용과는 별도로 그가 술 취했음을 말해주듯이 피로한 자의 사유란 그 피로의 표현일 가능성이 높다. 니체는

※　　이에 대해서는 제6장을 참고하라.

일을 마무리하는 황혼이 아니라 일을 시작하는 새벽의 공기를 사랑한다. 그는 황혼의 부엉이가 아니라 동트는 새벽에 고개를 쳐드는 독수리를 사랑한다. 일에 뒤처진 사유가 아니라 일에 앞서는 사유, 일을 마무리하는 사유가 아니라 일을 시작하는 사유가 니체가 생각한 철학일 것이다. '서광'이라는 말은 이런 의미를 잘 담고 있다. '황혼'과 대비되는 '새벽'의 뜻이 들어 있을 뿐만 아니라, 무언가 새로운 것이 도래하고 있음을 암시해 준다.

《서광》은 크게 다섯 권으로 이루어졌다. 각 권에는 별도의 제목이 붙어 있지 않아 그 안에 있는 백 개가량의 아포리즘이 어떤 이유로 함께 묶인 것인지 알기 어렵다. 실제로 각 권의 아포리즘들을 어떻게 묶어서 읽어낼 것인가는 그 자체로 해석의 문제이다. 나는 각 권의 아포리즘들을 평면적으로 해석하지 않을 것이다. 아포리즘들 몇몇은 북돋우고 몇몇은 더 깊이 밀어 넣을 것이며 몇몇은 제외할 것이다. 가능한 한 많은 아포리즘을 포괄하겠지만, 내 주요한 목적은 각 권의 아포리즘들을 묶어 니체 철학의 독특하면서도 다양한 얼굴을 조각해내는 것이다.

내가 《서광》 각 권에서 다루려는 주제는 다음과 같다. 제1권에서는 니체의 방법론, 특히 계보학이란 무엇인지를 읽어낼 것이다. 이를 바탕으로 심리학(제2권), 사회학과 정치학(제3권), 예술론(제4권), 철학(제5권) 등의 주제에 대한 니체의 비판을 소개할 것이다. 아마도 이를 통해 우리는 니체 자신의 심리학, 사회학, 정치학, 예술론, 철학 등을 그려볼 수 있을 것이다. 그러나 내가 더 관심을 갖는 것은 이런 다양한 주제를 우회하면서 그가 드러내는 독특한 철학이다. 《서광》 읽기를 통해 '심리학에 대한 철학'부터 '철학에 대한 철학'까지, 가치의 유래와 발생을 묻고 '가치의 가치'를 평가하는, 다시 말해 '가치의 근거'를 파헤치는 언더그라운드 사상으로서 니체의 철학(=계보학)이 잘 드러날 수 있기를 바랄 뿐이다.

'언더그라운드'의 모티브

우선 내가 《서광》의 아포리즘들을 어떻게 다루는지, 그리고 내가 이 책에서 발견한 '언더그라운드'라는 모티브가 어떤 것인지 간략히 말해두고자 한다.

주지하듯 니체의 여러 텍스트는 아포리즘 형식으로 씌었다. 내게는 이 아포리즘들이 텍스트 레고 블록처럼 느껴진다. 이 아포리즘 조각들을 엮으면 니체가 실제로 출간하지는 않았지만 쓸 수도 있었을 어떤 텍스트를 새로 만들 수도 있다는 생각을 한다. 악절을 모아 노래를 만드는 것에 비유할 수 있을까. 몇 개의 아포리즘을 엮어 우리는 새로운 니체의 노래 혹은 니체가 가능케 해준 어떤 노래를 지을 수 있다.

하나의 아포리즘 조각을 집어들 때 나는 그것에 어울리는 아포리즘들이 어떤 것인지 찾아본다. 이음매가 잘 맞는 것, 그렇게 이었을 때 재밌는 모양이 되는 것, 훌륭한 멜로디가 만들어지는 것, 그런 것들을 찾는다. 어떤 경우에는 바로 옆에서 이음 조각을 찾을 수도 있고, 어떤 경우에는 다른 저서에서, 심지어 텍스트 바깥, 이를테면 니체 생애의 어떤 일화 속에서 그것을 발견할 수도 있다.

《서광》의 서문에서 '지하의 인간'을 본 순간 내게는 '등급'이라는 제목의 446절 아포리즘이 그렇게 떠올랐다. 니체는 이 아포리즘에서 사상가들의 등급을 이렇게 나누었다. '피상적인 사상가', '심오한 사상가'(깊이의 사상가), '철저한 사상가'gründliche Denker(근거에 이르는), 그리고 '사랑스러운 지하인들'Untergründichen. 사실 이 아포리즘만으로는 니체가 말하는 '사랑스러운 지하인들'이 어떤 존재인지 이해하기가 어렵다. 그런데 이 아포리즘을 서문에 나온 '지하의 인간'Unterirdischen과 연결해서 읽을 경우 우리는 저 바닥까지 내려간 사상가보다 더 깊은, 아니 '깊이' 자체를 전복한 계보학자의 이미지를 발견할 수 있다.

1886년의 서문에서 니체는 《서광》을 쓸 때의 자신을 이렇게 묘사했다.

> 당시에 나는 아무도 할 수 없고 오직 나만이 할 수 있는 일을 시도했다. 나는 깊은 곳으로 내려갔고, 바닥에 구멍을 뚫었으며, 우리 철학자들이 수천 년 동안 신봉해온 낡은 신념을 조사하고 파고들기 시작했다. 철학자들은 이 신념이 가장 확실한 지반인 것처럼 그 위에 〔철학을〕 세우곤 했다. 그러나 지금까지 〔그 위에 세워진〕 모든 건축물은 거듭 붕괴되었다. 나는 도덕에 대한 우리의 믿음을 파괴하기 시작했다.[34]

34 《서광》, 서문, 2절.

35 K. Marx, 최인호 옮김, 〈헤겔 법철학 비판을 위하여〉, 《칼 맑스 프리드리히 엥겔스 저작선집》 *Zur Kritik der Hegelschen Rechtsphilosophie*, 1권, 박종철출판사, 1993, 9쪽.

카를 마르크스는 〈헤겔 법철학 비판 서설〉(1844)에서 비판의 급진성은 그 뿌리까지 나아가 뿌리로부터 문제를 파악하는 것에 있다고 했다.[35]※ 그가 "무자비한 비판"이란 그 '결과를 두려워하지 않는 비판'이라고 말했을 때도 같은 의미였을 것이다.※※※ 바닥, 근거까지 비판을 밀어붙이는 것. 니체는 이때 심층이 아니라 심연Abgrund에 다다랐다. 니체가 '무의식'에 대한 어떤 통찰—나중에 프로이트가 꽃피우는 그런 통찰—에 이른 것이 사실이라 해도, 우리는 '심층'과 '심연'을 혼동해서는 안 된다. '심연'은 더 깊은 곳이라기보다 깊이에 대한 편견이 사라지는 지점이기 때문이다(심연은 깊지 않다!). 즉 니체는 우리 의식의 근거로서 무의식에 이르렀다기보다 무의식들, 충동들이 근거 없이 어울리고 있는(어슬렁거리는) '근거 와해'의 지점에 이른 것이라 할 수 있다.

내가 《서광》의 부제에 붙어 있는 단어 'Vorurtheil'을 '편견'이라고 옮기지 않으려는 이유가 여기에 있다. 물론 도덕은 니

※　"급진적이라 함은 그 뿌리에서부터 파악하는 것이다. 그런데 인간에게 뿌리는 바로 인간 자신이다." 니체의 계보학과 잘 통하는 문장이다. 《서광》에서 말하듯 우리는 우리 자신이라는 명백한 문자를 오독한다는 것, 《도덕의 계보》 첫 문장이 "우리는 우리 자신을 알지 못한다"로 시작하는 것처럼. 계보학은 결국 자기 자신에 대한 이해에 이르는 길이다.

※※※　"실존하는 모든 것에 대한 무자비한 비판rücksichtslose Kritik. 여기서 무자비하다는 것은 비판이 도달할 결과를 전혀 두려워하지 않는다는 의미에서, 그리고 존재하는 힘들의 투쟁을 두려워하지 않는다는 의미에서다."[36] 이 무자비함은 이 시기 니체에게서도 확인된다. 비판의 '무자비함'과 '급진적임'은 문제를 그 뿌리 내지 근거로부터 파악하는, 다시 말해 근거 자체를 파헤치는(근거 자체의 발생과 유래를 따지는) 태도라고 할 수 있다.

36 Marx an Ruge(루게에게 보낸 편지)(Kreuznach, im September, 1843), Briefe aus den "Deutsch-Französischen Jahrbüchern", MEW 1, S. 344.

체에게 상상과 허구의 산물이라는 점에서 '편견'이라는 번역어가 적합한 경우도 있다. 그러나 중요한 것은 니체가 도덕과 대비되는 참된 어떤 것을 전제하고 있지 않다는 사실이다. 그가 상상과 허구로서 '도덕적 편견'을 비판한다면 이는 참된 현실을 제시하기 위해서가 아니라, 각 개별적 판단Urteil에 앞서 존재하는Vor-, '선판단'으로서의 '도덕'을 비판하는 것이라고 할 수 있다. 개별 건축물이 아니라 그 건축물이 세워지는 지반에 대한 비판, 그것이 니체가 《서광》에서 시도하는 일이다. 《도덕의 계보》에서는 이것을 '가치의 가치'를 묻는다고 표현했다.

니체가 철학자들, 무엇보다 '비판'을 자기 철학의 과제로 삼았던 칸트에게 실망한 이유도 여기에 있는 것 같다. 니체는 칸트가 자기 시대 도덕(그 어느 시대보다 도덕적이었던 시대)의 '진정한 아들'이었다고 말한다. 칸트는 '이성의 비판'을 도덕 앞에서 자제시켰다. 즉 '도덕의 왕국'이 존재할 수 있다면 그것은 "자신이 증명할 수 없는 세계", "논리적 '피안'에 위치"해야 한다는 것을 알아차렸고 그 때문에 '논리적 피안'을 상정했다. 자신이 사용하는 도구에 대한 비판의 형식을 빌려, 그는 비판이 도덕의 왕국에 침투하는 것을 막아버렸다. "칸트는 자연과 역사를 통해 도덕이 증명되었기 때문에 도덕을 믿은 것이 아니라 자연과 역사를 통해 도덕이 끊임없이 반박되었음에도 불구하고 도덕을 신뢰했다."[37]

그렇다고 니체가 끝까지 논리학에 기대 비판을 밀고 나갔어야 한다거나 이성이야말로 우리가 믿을 수 있는 가장 밑바닥이라고 말하는 것은 아니다. 니체에 따르면 이성에 대한 믿음 역

[37] 《서광》, 서문, 3절.

시 일종의 믿음인 한 하나의 도덕적 현상[38]이라 할 수 있다. 즉 니체의 이 책은 결코 '신앙'을 '이성'으로 대체하려는 책이 아니다. 니체가 다루려는 것은 이성적 판단을 포함해 모든 판단의 배후에 있는 선판단들이다. 이성조차 하나의 수단으로 사용하는 '이성의 후견인' 말이다. 니체의 과업은 이 후견인들, 이 괴물들을 어떻게 다룰 것인가이다.

아슬아슬한 사상가

니체의 이 작업은 앞서 말한 것처럼 매우 위험하다. 거기까지 나아가는 것도 어렵지만 거기서 존재하는 것은 정말로 위험하다. 이를테면 《서광》 88절에서 니체는 '루터' 또한 광부의 자식이었음을 환기시킨다. "수도원에는 파고들어갈 수 있는 깊은 곳이 없었기 때문에 광부의 아들이었던 루터는 자기 자신 안으로 들어가 끔찍하고 어두운 광맥을 팠다." 아마 니체가 '최초의 기독교인'이라고 부른 바울도 마찬가지일 것이다. 니체는 "수도원에서 성직자의 이상인 인간이 되고자 했을 때 루터 역시 그(바울)와 비슷하게 느꼈을지 모른다"고 했다.[39] 그러나 루터와 바울은 괴물이 있는 심연까지 나아가 그들 스스로 하나의 '괴물'이 되고 말았던 것 같다(이에 대해서는 나중에 해당 본문을 읽으며 언급하겠다). 《선악의 저편》 *Jenseits von Gut und Böse*에서 우리는 니체의 유명한 경고문을 읽을 수 있다. "괴물과 싸우는 사람은 자신도 괴물이 되지 않도록 주의해야 한다. 네가 오랫동안 심연을 들여다볼 때 심연도 역시 너를 들여다본다."[40]

40 《선악의 저편》, 146절.

우리는 이 책《서광》에서 심연을 다녀온 고래, 이제 막 올라와 눈은 충혈되었지만 그래도 입에는 웃음을 머금은 고래 한 마리를 볼 수 있다. 작가 멜빌은 이렇게 말했다. "나는 잠수하는 모든 이를 사랑한다. 어떤 물고기도 표면에서는 헤엄을 칠 수 있다. 하지만 5마일도 넘게 내려가려면 고래 정도는 되어야 한다. …… 세계가 시작된 이래 사유의 잠수자들은 충혈된 눈을 하고서 표면으로 되돌아왔다."[※] 멜빌이 '사유의 잠수자들'의 운명처럼 말했던 그 고래를 나는 이 책에서 느낀다. 삶과 죽음, 이성과 광기가 걸려 있는 아슬아슬한 선 위에서 생존을 이어가는 사상가의 초상 말이다.

1888년에 쓴《서광》에 대한 회상에서 니체는 이렇게 말한다.[42] "지금도 우연히 책을 들추면, 거의 모든 문장이 내게는 저 깊은 곳에서 비할 바 없는 어떤 것을 다시 끌어올리게 하는 뾰족한 끝이다: 이 책의 전 피부는 회상의 부드러운 전율로 떨고 있다." 그 '뾰족한 끝'은 일차적으로 그 글을 적은 '펜'이겠지만 또한 '펜'은 깊은 곳에서 무언가를 낚아 올린 바늘이기도 할

42 《이 사람을 보라》, 나는 왜 이렇게 좋은 책들을 쓰는지—서광, 1절.

※　나는 이 말을 들뢰즈에게서 가져왔다. 들뢰즈는 푸코의 작업을 묘사하면서 멜빌의 이 말을 인용했다. 그러면서 그는 사유란 이처럼 "삶과 죽음, 이성과 광기가 걸려 있는 사유의 선으로 들어가는" 매우 위험한 일이며, 우리는 그 선 위에서 사유하는 것이라고 했다. 그런데 나는 푸코에 대한 들뢰즈의 이런 묘사가 그 누구보다 니체에게 적합하다고 생각한다. 위험을 감수하고 저 심연, 즉 모든 근거들이 와해되는 지점까지 내려가고 올라오는 일을 반복하는 것, 그것이 이 시기 니체의 작업이었기 때문이다.[41]

41 Gilles Deleuze, *Pourparlers 1972-1990*, Les Éditions de Minuit, 1990, p. 141.

것이다. 저 깊은 몰락의 장소에서 그는 이 책을 길어 올렸다.

《서광》의 마지막 아포리즘은 우리에게 이 책 제목의 모티브가 무엇인지를 말해준다. "사람들은 이렇게 말하지 않을까? 우리마저 서쪽을 향하면서 인도에 도달하고자 했다고."[43] 유럽의 서쪽에 있는 나라 인도. '서광'이라는 책과 '인도'라는 나라는 어떤 관계가 있을까. 니체는 독자들에게 자신이 《서광》의 표지에 적어둔 인용문을 환기시킨 적이 있다.[44] 《서광》의 표지를 살펴보면 고대 인도의 힌두교 경전인 《리그베다》*Rigveda*에서 따온 문장이 제사Inschrift, 題詞로 적혀 있다. "아직 빛을 발하지 않은 수많은 서광이 있다." 그렇다면 니체는 '아직도 빛을 발하지 않은' '서광'을 맞기 위해 '인도'로 간 것일까. 황금을 찾아 인도로 떠난 많은 유럽인, 이를테면 콜럼버스처럼 말이다. 그러나 니체에게 서쪽이 갖는 의미는 콜럼버스가 꿈꾼 것과는 반대였다. 그는 서쪽으로 서구의 힘을 팽창시킨 것이 아니라 '서구의 몰락'으로서 서쪽을 향한 것이다. 서쪽은 "인류의 모든 태양이 침몰했던 곳"[45]이기 때문이다.

43 《서광》, 575절.

44 《이 사람을 보라》, 나는 왜 이렇게 좋은 책들을 쓰는지—서광, 1절.

45 《서광》, 575절.

4

렌토

—문헌학자의 리듬

《차라투스트라》에서 '삶'이 차라투스트라에게 가르치지 않았던가. "소란이 사상을 죽인다"고. 그 이전에 늙은 여인은 차라투스트라에게 '진리'를 선물하며 가르치지 않았던가. 떠들지 않게 그놈의 입을 막으라고. 계보학은 '증명에 대한 논박', '소란에 대한 소란'이 아니다. 계보학자의 비판은 화려한 스펙터클을 필요로 하지 않는다.

계보학자는 어떻게 반박하는가. 하나의 예를 우리는 95절('궁극적인 반박으로서 역사적 반박')에서 발견한다. 예전의 무신론자들은 신이 존재하지 않는다는 걸 증명하려고 했다. 하지만 자신의 반박보다 더 나은 존재 증명이 나오지나 않을까 하는 의심을 남겨두었다. 그러나 "오늘날의 사람들은 신이 존재한다는 믿음이 어떻게 발생했는지, 또한 이 믿음이 무엇을 통해 무게와 중요성을 갖게 되었는지를 증명한다. (이 경우에는) 신이 존재하지 않는다는 반대 증명이 불필요하다."

46 《서광》, 서문, 5절.

계보학자는 조용히 말하고 천천히 말한다.[46] 그는 소란을 싫어하는 것만큼이나 속전속결을 싫어한다. 우리 시대, 우리 문화의 편견을 다른 시대에 함부로 덮어씌우는 것, 과거에 눈을 돌리고 쉽게 그것을 믿어버리는 것, 우리가 상정한 미래에 모든 역사적 발생을 몰아가는 것, 한마디로 서두르는 자들은 쉽게 믿는 자들이다(계보학자의 작업과 대비되는 것이 84절에 나오는 '기독교의 문헌학', '조악한 독서기술'이다). 계보학자의 걸음은 비둘기 걸음처럼 조용하며, 지름길이 아닌 에움길을 택한다. 《서광》은 특히 '천천히'와 '느리게'를 가르친다. 니체는 이렇게 말한다. "나와 나의 책은 느린 가락lento의 친구들이다. …… 아마 나는 여전히 문헌학자다. 즉 천천히 읽을 것을 가르치는 교

47 《서광》, 서문, 5절.

사 말이다."[47] 텍스트를 다룰 때 우리는 장인이 대상을 다루듯 '말Wort의 세공술'을 발휘해야 한다. 하나의 독해를 위해 생략되고 감추어진 혹은 방치된 조각들을 잘 살펴야 한다. 한마디

48 《서광》, 서문, 5절.

49 《서광》, 103절.

로 우리는 "잘 읽어야 한다."[48] 그제야 우리는 "다르게 느낄" 수 있을 것이다.[49]

제 **2** 장

수치스러운 기원

황금에는 도금할 필요가 없다. 한마디로 위대한 사건은 소란스럽지 않다. 분출하는 화염과 시커먼 연기는 사람들의 눈을 빼앗고 싶은 거짓 불개들에게나 필요한 것. 차라투스트라가 말하듯, "소란과 연기가 사라지고 나면 별로 일어난 일도 없지 않던가." 그 속에서는 고뇌하는 영웅조차 삼류 배우에 불과하다. 가장 큰 사건이 소박한 한 걸음에 있다는 것을 가르치는 것은 왜 그렇게 어려운가. 사람들은 지하로 이어진 길 언저리에서 피어오른 화염과 연기, 그리고 기적을 행한 영웅의 이야기에만 정신이 팔려 있다. 그러나 정작 지하에 다녀온 이는 중저음을 낸다. 대지에 먹혀 대지의 목소리가 된 자는 나지막이 말한다. 소란이 사상을 죽인다.

I

상상의 사물

앞 장의 논의를 환기하며 이야기를 시작할까 한다. 니체는 계보학을 '해석의 기술'이라고 했다. 이때의 '해석'은 경험에 대해 이차적인 게 아니다. 즉 어떤 사물에 대해 해석하기 이전에 우리는 하나의 사물을 '해석된 것'으로서 경험한다. 우리는 진공이 아니라 어떤 해석, 어떤 조명 아래서 사물들을 보는 것이다. 우리와 이웃 사이에는 둘 모두에게서 연유하는 일종의 해석학적 공간이 만들어져 있는 셈이다.

카를 마르크스는 상품세계를 논하며 "물건이 시신경에 주는 인상이 …… 마치 눈 밖에 존재하는 물건의 객관적 형태"[1]로 파악되는, 그리고 '사회적 관계'가 한 사물의 속성으로 현상하는 '물신주의'에 대해 말한 적이 있다. 예컨대 우리는 빨간 사과를 보고 그 빨간색이 사과의 속성이라고 생각한다. 그러나

[1] K. Marx, 김수행 옮김, 《자본론》 I(상), 비봉출판사, 2009, 93쪽.

어떤 곤충에게는 그것이 빨갛게 보이지 않을 것이다. 즉 '빨간 사과'는 '사과'만이 아니라 우리 시신경과도 관계된 것이다. 하지만 우리는 '사과'와 우리 '눈'이 '빛'을 매개로 맺는 관계를 사과라는 한 사물의 속성인 것처럼 생각한다.

　　사회적 광학에서는 자연적 광학보다 문제가 더 심각하다. 인종주의 사회에서 유색인의 피부색은 그 사람의 개별 속성으로 보이지만, 거기에는 사과와 눈이 맺는 자연학 수준의 관계를 넘어서는 또 다른 관계가 은폐되어 있다. 유색인은 백인과의 관계 속에서만 유색인이라는 사실, 한 사람의 피부색은 인종주의 사회에서 주목받는다는 사실이 감추어지는 것이다. 그래서 우리에게는 흑색이나 황색이 그런 피부를 가진 사람의 개별 속성으로 나타난다. 그러나 '사회적 관계'가 '한 사물의 속성'으로 현상한다는 점에서 '인종주의' 역시 하나의 '물신주의'라고 할 수 있다.

전도되고 뒤집어지고 공허하고

마르크스는 상품세계의 이러한 물신주의를 '몽롱한 종교세계'에 빗대었다. 그런데 우리는 니체 또한 도덕세계를 그렇게 묘사하고 있음을 볼 수 있다. 도덕세계 역시 '가치'에 대한 광학적 오류 내지 전도에 기초한 세계이다. 니체는 그것을 '환상의 세계'로서 "전도되고 뒤집어지고 공허하고, 그럼에도 충만하고 올바르게 세워져 있다고 몽상되는 세계"라고 했다.[2]

2 《서광》, 118절.

하지만 유의할 것이 있다. 니체가 도덕적 세계의 '전도'나 '몽상'에 대해 비판하는 것은 사실이지만, '상상' 내지 '해석'이 없는, 세계에 대한 투명한 인식을 추구했던 것은 아니다. 우리는 특정한 광학 아래서 사물을 보며, 종종 그 광학이 매우 기괴한 것이라 할지라도, 어떤 광학 없이 세계를 볼 수는 없다. 우리가 세계를 해석하기 이전에, 세계는 이미 우리에게 해석된 것, 상상된 것으로서 주어진다.

우리는 어떤 것을 개인적·사회적·시대적 해석 아래서 본다. 라파엘로의 작품 〈그리스도의 변모〉Transfiguration(1518~1520)는 화면이 삼등분되어 세 부류의 인간형이 제시되어 있다. 화면의 맨 위에는 예수 그리스도가, 가운데에는 예수의 제자인 베드로와 야고보, 요한이 있으며, 맨 아래에는 큰 혼돈 속에서 논쟁 중인 군중들이 있다. 이에 대해 니체는 이렇게 말한다. "라파엘로는 이런 식으로 인간을 세 등급으로 구분했다. 우리는 세계를 더 이상 그렇게 보지 않는다. 라파엘로 역시 이 시대에 살고 있다면 더 이상 그렇게 보지 않을 것이다. 그는 자신의 눈으로 새로운 변모(그리스도의 변모)를 목도하게 될 것이다."[3]

3 《서광》, 8절.

시각만이 아니다. 우리의 감각 일반이 하나의 해석이다. 어떤 점에서 우리가 앓는 고통조차 해석된 고통이다. 니체는《도덕의 계보》에서 이런 말을 한 적이 있다. "지금까지 과학적 연구의 목적으로 해부용 칼로 연구된 모든 동물의 고통을 전부 합쳐도, 한 명의 노이로제에 걸린 교양 있는 여성이 겪는 하룻밤의 고통에 비하면 문제가 되지 않음을 의심치 않는다."[4] 물리적 충격과는 다른 차원에서 '해석된 고통'이 존재한다. 우리

4 《도덕의 계보》, II, 7절.

는 어떤 점에서 '상상'을 앓는 것이다. 《서광》 제1권의 다음 구절을 보자. "병자가 최소한 지금까지처럼 병 그 자체 때문에 괴로워하기보다는 병에 대한 그의 생각 때문에 더 많이 고통받지 않도록 병자의 공상을 진정시킬 것.─이것이 중대한 일이라고 나는 생각한다!"[5]

5 《서광》, 54절.

니체가 "실제의 사물들이 인간의 행복에 더 많이 기여했는가? 상상의 사물들이 더 많이 기여했는가?"라고 물었던 것, 그리고 "확실한 것은 최고의 행복과 최고의 불행 사이에 존재하는 공간의 넓이는 상상의 사물들을 통해 비로소 생겼다는 것이다"[6]라고 말한 것은 모두 이런 맥락에서다. 이 구절을 볼 때마다 나는 '천국'과 '지옥'이란 결국 동일한 세계에 대한 두 가지 상반된 체험, 두 가지 상반된 해석이 아닐까 생각한다.

6 《서광》, 7절.

우리는 해석된 사물을 체험하므로 우리 세계에 등장하는 사물들은 그 무엇보다도 해석자인 우리 자신이 누구인지를 드러낸다. "우리가 중요하다고 여기는 모든 것은 우리를 폭로하는 것이 아닐까?"[7] 니체는 친구란 "면이 울퉁불퉁하고 온전하지 않은 거울에 비친 네 얼굴"[8]이라고도 했다. 아마도 우리는 이를 우리가 마주하는 사물들 일반까지 확장할 수도 있을 것이다. 우리에게 나타난 사물들은 결국 우리에 대해 말해준다. "모든 사물을 완전히 인식했을 때에야 인간은 자신을 인식한 것이 될 것이다. 왜냐하면 사물들은 인간의 한계(범위Gränzen)일 뿐이기 때문이다."[9]

7 《즐거운 지식》, 88절

8 《차라투스트라는 이렇게 말했다》, 벗에 대하여.

9 《서광》, 48절.

세계에 대한 불행한 해석

니체가 도덕적 세계를 비판하는 이유는 그것이 하나의 '해석된 세계'(혹은 '상상된 세계'※)에 불과해서가 아니다. 오히려 '해석 없는 참된 세계', 플라톤의 '이데아 세계' 같은 것이야말로 공상이라고 할 수 있다.※※ 니체가 도덕적 세계를 비판하는 근본적 이유는 그것이 틀린 해석이어서가 아니라 불행한 해석이기 때문이다. 그런 세계관 속에서 살다 보면 삶이 약화되고 병들기 쉽다.

사실 우리가 감각을 통해 사물을 재는 한 오류는 불가피한지도 모른다. 감각은 우리를 자주 속이기에, 감각을 통하는 한 우리의 인식세계란 우리를 한가운데에 가두어둔 '감옥'과 다를 바가 없다.[10] 그러나 그렇다고 해서 감각을 제거할 수는 없다. 감각을 제거하면 세계도 사라질 것이다. "이것에서 벗어날 방법은 없다. 실제의 세계로 나아갈 수 있는 뒷길도 샛길도 없다!"[11]

10 《서광》, 117절.

11 《서광》, 117절.

※　'상상'은 넓게 보면 '해석' 일반의 불가피한 성격일 수도 있고, 좁게 보면 현실 도피적인 '나쁜 해석'을 지칭하는 것일 수도 있다.

※※　플라톤의 '이데아 세계'는 '해석 없는 세계'의 전형이다. 플라톤에게 우리가 사는 '이 세계'는 '독사doxa의 세계', 다시 말해 '의견의 세계'이다. '독사'라는 말은 '보인다'appear는 뜻이다. 플라톤이 볼 때 이 세계는 조금 어둑한 곳이다. 그래서 사람마다 '보이는 것'이 달라진다. 즉 저마다 해석이 생겨날 수 있는 것이다. 그런데 세계가 완전히 밝거나 어둡다면 이것이 불가능하다. 그가 추구한 '이데아 세계'처럼 완전히 밝은 곳에서는 모든 것이 명백하므로 사람들 사이에 이견이 없을 것이고 완전히 어두운 곳에서는 아무것도 보이지 않기에 의견 자체가 형성되지 않을 것이다. 한마디로 '해석'이 사라지는 것이다.

앞서 말했듯이 문제는 '해석된 세계'가 아니라 '세계에 대한 불행한 해석'이다. 도덕적 세계 혹은 세계에 대한 도덕적 해석은 세계를 '나쁘게' 감각하는 방식이다. 그것은 세계를 해석하면서 세계로부터 도피하는 해석이고, 현실에 개입하면서 현실을 경멸하게 하는 해석이다. 그것은 선과 악, 원한과 복수, 죄와 벌, 양심의 가책 등으로 이루어진 병적 세계관이라 할 수 있다. 살아 있는 존재가 자기 삶을 학대하다니, 그것은 오류라기보다는 질병이고 불행이다.

(그들은) 모든 것에 대해 이 속에 깃들어 있는 것이 신인가 악마인가, 선인가 악인가, 구원인가 저주인가 하는 질문과 함께 이 모든 것을 도덕적이고 종교적인 하나의 현상으로 받아들여야 했다! 오, 얼마나 불행한 해석가인가! 그가 얼마나 자신의 체계를 비틀고 괴롭혀야만 하는지! 의로움을 얻기 위해 그가 자기 자신을 얼마나 비틀고 괴롭혀야만 하는지![12]

12 《서광》, 86절.

2

신성한 것들의 수치스러운 기원

도덕적 신비주의를 비판함에 있어 니체는 당대의 과학적 사고를 경유했던 것 같다. 그가 볼 때 도덕적 세계는 실제 세계에 대한 전도, 즉 '물구나무선 세계'였다. 니체의 도덕 비판은 마르크스의 이데올로기 비판, 즉 '세계에 대한 전도된 의식'으로서의 이데올로기에 대한 비판과 통하는 것처럼 보인다.※ 모든 신성한 것, 신비화된 우상들을 햇볕 아래 드러내는 것, 그것이

※　　바로 이 점 때문에, 마르크스의 이데올로기론에 가해지는 비판처럼, 니체 역시 해석 외부에 어떤 실제 세계를 상정하고 있는 것 아닌가 하고 비판받을 수 있다. 니체 스스로 자신의 도덕에 대한 비판이 다소 미숙했다고 느낀 것은 이와 관련된 게 아니었을까 생각해본다. 그는 《도덕의 계보》에서 영국의 도덕사가 레Paul Rée를 비판하면서, 자신이 《인간적인 너무나 인간적인》을 쓰면서 레의 문장들을 마음속으로 부정했으나 그 방법이 다소 미숙하고 자유롭지 못했다고 했다.[13]

13 《도덕의 계보》, 서문, 4절.

계보학적 비판의 첫걸음이다. 그러나 우리가 잘 알고 있듯이 신성한 것들은 바로 그 '신성하다'는 이유에서 비판의 대상이 되기를 거부한다. 이를테면 기독교는 "기독교에 대한 의심만 품어도" 그것을 죄라고 규정했다.[14] 그래서 신성한 것들의 '수 치스러운 기원'pudenda origo[15]을 드러내려는 계보학자는, 니체 의 말마따나 기꺼이 '악의 쟁기질'※을 떠맡아야 한다.

14 《서광》, 89절.

15 《서광》, 42절, 102절.

그런데 니체가 라틴어로 쓴 '수치스러운 기원'이라는 말은 우리로 하여금 칸트를 떠올리게 한다. 실제로 니체는 이 단어 를 쓰면서 칸트를 생각했을 것이다. 《순수이성비판》의 1판 서 문에는 아주 흥미로운 언급이 나온다. 칸트는 우리의 지성이 알 수 있는 한계, 즉 경험의 세계를 넘어서 이성이 초월적으로 사용될 경우 '형이상학적 독단'에 빠질 수 있음을 경고했다. 그 러면서 그는 개념들의 초월적 기원과 토대를 발견하려는 형이 상학을 '위선적 여왕'이라고 비꼬았다. 그런 다음 "고상하고 신 성함을 가장한 이 여왕은 결국 '경험'이라는, 자신의 천한 출생 배경을 감출 수 없다"고 지적했다.[17] 흥미롭게도 이 '천한 출 생'을 언급하면서 칸트가 사용한 단어가 '계보(학)'Geneologie이 다. 이 점에서 니체의 '계보학'은 '비판'이라는 칸트 철학의 기 획을 더욱 급진화한 것이라고도 볼 수 있다(제1장에서 보았듯이 니체는 칸트가 '비판'을 도덕의 세계, 신앙의 세계까지 나아가지 못하

17 Immanuel Kant, 백종 현 옮김, 《순수이성비판》 Kritik der reinen Vernunft, 1, 아카넷, 2008, 166~167쪽.

※ "정복하고 낡은 경계석을 무너뜨리고 낡은 신성함을 전복한다는 점에서 새 로운 것은 어떤 경우이건 악한 것이다. 어떤 시대나 선한 사람들은 낡은 사상을 파서 열매를 수확하는 정신의 경작자들이다. 그러나 모든 땅은 결국 이용되면서 수명을 다하게 되어 있고 악의 쟁기가 언제나 새로이 도래한다."[16]

16 《즐거운 지식》, 4절.

도록 봉쇄했다고 지적한 바 있다).

지금 우리가 다루고 있는 《서광》의 제1권 곳곳에서는 '신성한 것들'의 '수치스러운 기원'에 대한 폭로 내지 문제제기가 이루어진다. 예컨대 현명함, 절제, 용기, 정의 등 고귀한 덕성이 과연 인간을 동물로부터 구별해주는 인간만의 것일까. 니체는 많은 도덕적 가치가 동물적인 것에서 유래했을 수 있다고 지적한다(인간적 덕성의 동물적 기원).

인간적 덕성의 동물적 기원

"자신의 격렬한 욕망"이나 "뛰어난 능력을 감추는 것", 집단에서 튀지 않게 자신을 낮추는 것, 이런 식의 겸손한 현명함을 우리는 무엇보다 동물에게서 볼 수 있다.[18] 추적자로부터 도망치기 위해 혹은 사냥감을 얻기 위해 "동물은 자제하는 것을 배우며 위장하는 것을 배운다." 또 "몸의 색을 주변의 색에 적응시키거나, 죽은 체하거나, 다른 동물, 모래, 잎, 이끼, 해면의 형태 또는 색을 가장한다." "동물 역시 현실에 대한 감각에서 자제가 생겨난다." 그뿐 아니라 "다른 동물의 마음속에 미치는 영향을 관찰하고" 그 동물에게 비칠 자기 모습을 돌아봄으로써 "자신을 '객관적'으로 생각하는 것을 배운다." 어떤 동물에 대해서는 아예 투쟁을 포기하기도 하고, 또 어떤 동물이 접근해올 때는 평화와 계약의 의도를 읽어내기도 한다. "현명함, 절제, 용기의 기원처럼 정의의 기원 역시 동물적이다. 간단히

18 《서광》, 26절.

말해 우리가 소크라테스의 덕이라고 부르는 모든 것의 기원은 동물적이다. 즉 먹을 것을 찾고 적한테서 도망치는 것을 가르치는 본능에서 비롯된 것이다."[19]

현명, 절제, 용기, 정의 같은 덕성만이 아니다. 인간의 이성과 논리 역시 동물적 삶이나 생존에 유용한 '비이성'과 '비논리'에서 나왔을 것이라고 니체는 말한다. "오랫동안 존속하는 모든 사물은 점차 이성에 의해 침윤되기 때문에 그것이 원래는 비이성에서 기원했다는 사실이 믿기지 않게 된다."[20] 그러나 "인간 머릿속의 논리는 어디에서 유래한 것일까? 그 영역이 원래 엄청나게 광대했던 비논리에서 생겨났음이 분명하다."[21]

예컨대 논리학에서 말하는 '동일성'이란 지나치게 엄격한 눈을 통해서는 파악될 수 없다. 세상에는 두 개의 먼지조차 서로 같지 않기 때문이다. '동일성'을 사유할 수 있으려면 대강 '유사한 것'에서 '동일성'으로 나아가는 어떤 감각―그 자체로는 논리학으로 확정할 수 없는 그런 적절성의 감각―이 전제되어야 한다. 또한 니체는 어떤 존재가 '대강 유사한 것'에서 '동일성'으로 넘어가는 '환원적' 추론에 익숙해지지 않았다면 아마도 자연에서 도태되었을 것이라고 말한다.[22] 정신이 지나치게 엄격해 '유사성'에서 '동일성'으로 넘어가기를 주저하는 동물이 있다면 생존이 쉽지 않았을 것이라는 말이다. 가령 어제 숲에서 독버섯을 먹고 죽을 고비를 겨우 넘겼으면서도 오늘 그 일을 반복한다면(세상에는 두 개의 똑같은 먼지도 없기에 그에게는 전혀 다른 버섯일 것이다) 그가 어떻게 생존할 수 있겠는가. 그렇다면 논리학이란 '적당히' 엄격한 동물의 사고법이자 생존비결

이 아니었을까.

　도덕적 인간의 자존심을 긁는 '수치스러운 기원'에 대한 니체의 주장은 계속된다. 도덕을 인식하고 그것을 후세에게 전수하는 방식에서도 니체는 우리의 통념을 공박한다. 니체는 도덕이 참된 인식에서 나온 것도 아니지만 그 전수 방식 또한 인식과는 무관하다고 말한다. 도덕적 올바름에 대한 인식 이전에 아이들은 "타고난 원숭이처럼" "특정 행위들에 대한 어른들의 강한 호감과 반감을 알아챈다." 그리고 그것을 '모방'한다. 어떤 일에는 불같이 화를 내고 또 어떤 일에는 크게 기뻐하는 것을 아이들은 모방하는 것이다. 어떤 일과 감정의 종류 및 강도를 연관시키는 연습이 어느 정도 이루어지면, "아이들은 시간이 지난 뒤 호감과 반감이 갖는 정당성의 근거를 대고 그것에 일종의 이유를 부여하는 것이 합당한 일이라고 생각한다." 그러니 "도덕적 감정의 기원이나 정도"(아이들이 어른들을 통해 눈치 챈 그런 것)와 그런 감정을 표출해야 하는 정당한 이유 사이에는 아무런 관계가 없다. "도덕 감정의 역사와 도덕 개념의 역사는 다르다!"[23]

23 《서광》, 34절.

　고상한 것의 기원이 '동물적'일 수 있다는 니체의 언급은 당시 진화론이 서구 사회에 준 '외상'을 떠올리게 한다. "인간이 동물에서 유래했다는 설" 말이다.[25] 물론 이 충격은 '목적' 개념을 끌어오면서 자존심을 되찾은 것으로 무마되지만(자신을 진화의 최종 목적으로 간주하면서 인간은 자존심을 금세 회복한다). 동물적 유래에 대한 인간적 반발은 니체에 따르면 '정신의 본질에 대한 편견'과도 관련이 있다. 인류 역사에서 아주 오랜 시간 동안 정신은 사람들만의 특권이 아니었다. "사람들은 정신

25 《서광》, 31절.

언더그라운드 니체

이 모든 것들에 존재한다고 생각"했다. 다른 생물체도 정신을 가지고 있다고 생각했고, 사람들 스스로가 "동물이나 나무에서 유래했다는 사실을 부끄러워하지 않았다." 오히려 그런 유래에 대한 우화를 통해 '고귀한 종족'은 자신의 존엄을 내세웠고, 오히려 "정신을 통해 우리가 자연과 분리되지 않고 결합되어 있음을 깨달았다." 즉 '정신'은 인간과 자연을 분리시키는 요인이기는커녕 인간과 자연의 유대를 가능케 하는 요소였다. 물론 이것 역시 해석이고 "선판단(편견Vorurteil)의 결과"이지만.

어떻든 인간적 '허영'이나 '자존심' 내지 '긍지'가 도덕에 대한 새로운 이해를 가로막는다. 사람들은 "도덕적으로 괴로워하면서도 이런 괴로움의 근저에 오류가 있다는 말을 들으면 분노한다."[26] 오히려 그런 괴로움이 어떤 '의미'가 있기를 바란다. "견딜 수 없는 것은 고통 자체가 아니라 고통의 무의미함 내지 무의미한 고통이다."[27] 성직자들은 그 괴로움에 의미를 부여하며 그것을 견딜 만한 것으로 만들어준다('진통제'로서의 도덕). 그래서 나중에는 "차라리 괴로워하기를 바라며 그것을

26 《서광》, 32절.

27 《도덕의 계보》 II, 7절.

※ 프로이트는 과학 발전 과정에서 인류가 자기애에 대해 세 번의 모욕을 겪었다고 말한다. 하나는 코페르니쿠스로부터 온 것으로 "지구가 우주의 중심이 아니고 그 크기가 상상 불가능한 우주의 체계의 아주 작은 부분"이라는 발견이고, 다른 하나는 다윈이나 월리스 등의 생물학적 연구에서 온 것으로, 이들은 "인간이 창조에 관한 특권을 가진다는 생각을 파괴해버렸다." 즉 "인간은 단지 동물계에서 유래한 존재로서 자신의 동물적 본성을 제거할 수 없다는 사실을 인식시켜준 것이다." 그리고 세 번째는 심리학적 연구에서 온 것으로 정신분석학자들은 인간의 "자아가 자신의 집 안에서도 더 이상 주인일 수 없으며", "정신생활 안에서 아주 초라한 정보들만을 접하고, 이에 의존할 수밖에 없음을 입증"했다.[24]

24 Sigmund Freud, 임홍빈·홍혜경 옮김, 《정신분석강의》 Vorlesungen zur Einführung in die Psychoanalyse, 열린책들, 2003, 388쪽.

통해 자신이 숭고해졌다고 느끼기를 원한다."[28]

28 《서광》, 32절.

경건하고 고귀한 것들이 인간적 덕성을 말해주기는커녕 어떤 오류와 기만에 기초한 경우도 많다. 심지어 어떤 것들은 인간에 대한 불합리하고 불가능한 요구이기도 하다. 이를테면 결혼제도에서 니체는 그것을 본다. 정열에 불타올라 사랑한 두 사람에게 영원한 사랑, 영원한 정열의 의무를 지우는 결혼제도는 그 자체로 얼마나 정열의 본질을 거스른 것인가. 정열이 영원히 지속된다는 생각은 정열의 본질에 반한다. "잠깐 동안 불타오르는 헌신에 대한 열정에서 영원한 충실함을, …… 돌발적이고 일회적인 약속에서 영원한 의무를 창출해낸 제도들과 풍습들을 생각해보라." "그때마다 그런 개조를 통해 극히 많은 위선과 거짓이 생겨났다." 그것들은 인간적 덕성이기는커녕 모두 인간적인 것을 넘어서는 요구들이다.[29]

29 《서광》, 27절.

이 외에도 니체는 고상한 지식계급(성직자, 철학자, 예술가, 과학자 등)의 관조적(관상적, 사변적) 삶vita contemplativa[30]이나 종교에 대해서도[31] 그 '수치스러운 기원'을 폭로한다. 이들의 관조적 삶은 곧바로 행동하는 것이 불가능해진 시대, 힘이 약해진 시대에 어떤 모호함 뒤로 숨는 하나의 기술이었다. 왠지 안에 뭔가를 갖고 있을 것 같은 느낌을 주는 것이다. 그래서 사람들은 이들이 약하다고 생각하면서도 두려워할 수밖에 없었고(머릿속에 무엇이 있을까. '불안한 머리'), 이들을 "은밀히 경멸하면서도 공적으로는 미신적으로 존경했다."[32] 종교의 기원은 '의견'을 '계시'로 바꿈으로써 사상의 승리를 거두려는, 자기 스스로도 속는, 종교적 인간의 책략과 관련이 있다. "자기에게 벽

30 《서광》, 42절.

31 《서광》, 62절.

32 《서광》, 42절.

찬 환희를 불러오는 하나의 가설 내지 의견"을 신에게 돌리고, 정작 그 자신은 생각의 주인인 신의 '도구' 내지 '수단'인 것처럼 낮추지만, 사실은 자기 생각을 신의 것으로 만듦으로써 어떤 비판이나 회의도 허용하지 않는, 그런 절대적 승리를 거두려는 것이다.[33]

33 《서광》, 62절.

니체는 도덕의 유래를 다룰 때 우리가 빠져들 수 있는 일반적 오류도 지적했다. 하나는 효용성에 의거한 추론이다. 우리는 어떤 것의 '효용'이나 '기능'을 증명하는 것으로 그 기원이나 발생을 증명했다고 착각할 수 있다. 이것은 마치 "'땅은 인간을 위해 만들어졌기 때문에 육지가 있다면 틀림없이 사람이 살고 있을 것이다'라는 콜럼버스의 추론을 떠올리게"[34] 한다. 콜럼버스는 신대륙에서 사람을 발견하자마자 자기 추론이 맞았다고 무릎을 쳤겠지만 그의 추론은 효용에 입각한 오류추리의 한 예일 뿐이다.

34 《서광》, 37절.

다른 하나는 역사성을 망각한 추론이다. 이 경우 우리는 우리 시대의 감각이나 통념을 과거로 투사할 위험이 있다. 우리가 '제1의 본성'으로 알고 있는 것들이 사실은 '제1의 본성'을 대체한 '제2의 본성'임을 알아야 한다. 동일한 충동도 역사가 바뀌면 다른 의미를 갖게 된다. "누군가가 정의보다 차라리 복수를 선택할 경우, 과거 문화의 척도로 볼 때 그는 도덕적이고, 현재 문화의 척도로 볼 때 그는 비도덕적이다."[35] 그래서 그리스인들의 '시기심'이나 '희망'에 대한 태도는 기독교인들과 크게 달랐고, '분노'에 대한 유대인들의 감각은 근대 유럽인들과는 완전히 다른 것이었다.[36]

35 《인간적인 너무나 인간적인》 I, 42절.

36 《서광》, 38절.

3

선사적 관점에서의 도덕

도덕의 '역사적' 기원을 파헤치면서도 니체는 그것을 '선사적' 관점에서 다시 조명해본다. 우리는 여기서 '역사적'이라는 말을 '인간적'이라는 말로, '선사적'이라는 말을 '동물적'이라는 말로 바꾸어도 좋을 것이다. 물론 여기서 말하는 '동물'이란 생물 분류상의 '식물'과 대비되는 그런 존재가 아니다. 그것은 '인간의 타자'로서의 '동물'이다.＊ 말하자면 '동물'은 인간의 '선사적' 존재를 가리킨다.

　하지만 주의할 것이 있다. 여기서 역사 이전, 즉 '선사적'이라고 말하는 것은 연대기적 시간과는 상관이 없다. 그것은 '인간적인 것'이 만들어지기 이전에 존재했으며, 또 그것이 만들어지기 위해 은폐되어야 했던 요소들과 관련이 있다. 달리 말하면 '역사'가 만들어지면서 우리 인식에서 사라진 '비역사'와 관련이 있다. '선사'란 달력의 어느 시점이 아니기에 모든 역사에 출현할 수가 있다. 니체가 "선사시대란 어느 시대에나 존재하고 있거나 다시 존재할 수 있다"[38]고 말했던 것은 그 때문일 것이다.

38 《도덕의 계보》 II, 9절.

풍습의 윤리

니체가 도덕을 선사적 관점에서 조명한 것이 바로 '풍습의 윤리'die Sittlichkeit der Sitte이다. 여기서 '풍습'이라고 옮긴 'Sitte'라는 독일어는 중세 독일어의 'site', 고대 독일어 'situ'에서 유래한 말이다. 풍습, 습관, 관습, 관례, 풍속 같은 의미를 담고 있고, 라틴어로는 'mos'(복수는 'mores')에 해당한다.[**]그리고 이것은 '도덕'morality의 어원이 되었다. 그러니 '풍습'이란 '도덕'

---

[*] 동물Thier만이 아니라 위버멘쉬Übermensch 또한 인간의 타자로 설정될 수 있다. 《차라투스트라》에서 니체는 인간을 "동물과 위버멘쉬 사이에 걸린 밧줄"이라고 말한 적이 있는데,[37] 여기서 동물이 인간의 역사 이전 존재를 가리킨다면 위버멘쉬는 역사 이후의 존재를 가리킨다고 볼 수 있다. 물론 여기서 '역사 이전'이니 '역사 이후'니 하는 표현은 '연대기적 시간'을 지칭하는 것이 아니다. 오히려 그것은 역사에 항상 개입하는 비역사적이고 초역사적인 요소들이다.

37 《차라투스트라는 이렇게 말했다》, 서문, 4절.

[**] 참고로 헤겔은 칸트 식의 보편적이고 추상적인 도덕과 구분해 공동체의 발전과 함께 살아 있는 선善, 곧 가족―시민사회―국가라는 인륜적 공동체를 그 자체의 목적으로 삼는 선으로서 'Sittlichkeit'(인륜)라는 용어를 썼다. 그러나 '도덕'이나 '인륜'으로 옮긴 두 단어는 어원적으로 의미가 같다. 'Moralität'와 'Sittlichkeit'의 구분은 언젠가 마르크스가 라틴어 계통의 'value'로 '교환가치'를 나타내고, 게르만 계통의 'worth'로 사용가치를 나타내는 '영어의 정신', 즉 성찰적인 단어는 라틴어로, 현실적 사물의 사용은 게르만어로 나타내는 정신을 드러낸다고 말한 것을 떠올리게 한다.[39]

39 K. Marx, 김수행 옮김, 《자본론》, 1(상), 비봉출판사, 2009, 44쪽, 각주(4).

의 선사적 형태라고 할 수 있다.[※]

니체는 도덕의 선사적 형태인 풍습의 목표는 '약속 가능한 동물'을 만드는 것에 있다고 했다. 나중에 《도덕의 계보》에서도 니체는 《서광》에서 말한 '풍습의 윤리'를 '약속할 수 있는 동물 기르기'라는 관점에서 다시 설명하고 있다. "내가 '풍습의 윤리'라고 부른 저 거대한 작업,⁴² 인류가 지속되는 오랜 세월 동안 인간이 자기 자신에게 행한 본래적 작업, 즉 인간의 역사 이전의 작업 전체는 비록 그것에 또한 너무나 많은 냉혹함, 포학, 우둔함과 무지가 포함되어 있다 하더라도, 이 점에서는 의미가 있는 것이며 대단히 정당한 것이다."⁴³

도덕의 선사적 형태로서 '풍습'은 그 자체로 복종에 대한 절대적 명령이다. "그것은 우리에게 유익한 것을 명령하기 때문이 아니라 단순히 그것이 명령한다는 이유로 우리가 복종해야 하는 좀 더 높은 권위이다."⁴⁴ 풍습 자체는 분명 예전 사람들의 어떤 경험과 관련이 있을 것이다. 그러나 "풍습에 대한 감정은 그런 경험 자체가 아니라 풍습의 오래됨, 신성함, 자명함과 관

42 《서광》 9절, 14절, 16절 참조.

43 《도덕의 계보》 II, 2절.

44 《서광》, 9절.

※　니체의 관점에서 도덕적 세계의 역사(일반적 의미가 아니고, 니체의 용법에 따르자면 우리는 종종 '도덕적=역사적=인간적'의 등식을 쓸 수도 있다)란 "인류의 성격을 확립한 저 진정하고 결정적인 주요역사Hauptgeschichte였던 '저 엄청나게 긴 시간'", "'세계사'에 선행하는 것으로 '풍습의 윤리'가 지배했던 역사"에 비하면 아주 짧은 시간이다.⁴⁰ 그것은 거대하고 둔중한 거인의 어깨에 걸터앉은 작은 난쟁이에 불과하다. 원숭이와 '신과의 친족 관계를 증명할 위대한 존재'(위버멘쉬) 사이에 있는 무상한 존재, "작은 종인 인류". 한쪽 끝에는 원숭이가 "이 방향으로는 더 이상 갈 수 없다"고 이빨을 드러내고, 다른 끝에는 최후의 인간, 즉 무덤 파는 자가 서 있다.⁴¹

40 《서광》, 18절.

41 《서광》, 49절.

45 《서광》, 19절.

런이 있다."**45** 그것은 명령의 정당성을 밝히는 별도의 근거를 제공함 없이 복종을 요구한다. 그래서 심지어 "풍습 그 자체를 위한 풍습의 유형"까지 있다. 그렇게까지 세세하게 복종을 요구해야 하나 싶을 정도의 규정들, 어떤 경우에는 굳이 그러지 않아도 어길 필요를 느끼지 않을 규정들을 우리는 종종 발견하게 된다. 쌀을 일고 남은 돌을 아궁이에 넣지 말라거나 문지방을 밟지 말라 같은 풍습을 간직하는 이유는 무엇일까. 니체는 이렇게 말한다. "이러한 규정들은 풍습이 항상 가까이 있고 풍습을 항상 따르지 않으면 안 된다는 사실을 끊임없이 의식시키며, 어떤 풍습이라도 풍습이 없는 것보다 낫다는 명제를 주입

46 《서광》, 16절.

하는 것을 목표로 한다."**46**

광기와 잔혹—풍습을 넘어서기 위하여

47 《서광》, 19절.

풍습이든 도덕이든 하나의 복종을 요구한다는 점에서 생리적으로는 사람을 둔감하게 만든다.**47** 풍습은 그 자체로 그것의 수정에 반발한다. 풍습은 "새롭고 좀 더 나은 풍습의 발생을

48 《서광》, 19절.

가로막는다."**48** 그래서 풍습에 순종하는 사람은 "공격기관과 방어기관이—육체적 기관과 정신적 기관이—제대로 자라지 않게 된다." 힘을 사용하지 않음으로써 기관들은 그저 '아름답

49 《서광》, 25절.

게' 된다.**49** 풍습은 '자유로운 정신'의 탄생을 가로막는 거대한 수렁이다. 그런데 선사시대의 어떤 지혜 속에는 "풍습들의 활기 없고 진득거리는 진창"에서 벗어나 '주권적 개인', "풍습의

윤리에서 다시 벗어난 개체이자 자율적이고 초윤리적인 개체"[50] 를 낳을 수단들이 담겨 있었다.

그 첫 번째가 '광기'이다. '광기'는 오랫동안 시대의 위험한 타자이면서 자산이기도 했다. 모든 시대의 다수를 차지하는 '건전한 상식'의 소유자들은 보편적 믿음을 지키기 위해 두뇌 훈련을 해왔고 광기로부터 자기 시대를 방어하기 위해 노력해 왔다. 이들의 그 '유덕한 우둔함'이 없었다면 인류는 '광기'로 인해 오래전에 멸망했을지도 모른다. 그러나 광기 역시 보호되어야 할 어떤 것이다. 설령 '최대의 위험'일지라도 그것은 영원한 방어를 필요로 하는 어떤 것이기도 하다.[51] 《서광》 14절은 도덕의 역사에서 광기가 가졌던 중요성에 대해 말한다. 니체에 따르면 "거의 모든 곳에서 새로운 사상에게 길을 열어주면서, 존중되던 습관과 미신의 속박을 부수는 것은 광기였다." 그것은 '신성의 가면'이자 '확성기'였다.

> 이전 시기의 모든 인간은 광기가 존재하는 곳에는 약간의 천재성과 지혜, 즉 사람들이 서로 속삭이는 것처럼 '신적인' 것이 존재한다는 사상을 훨씬 쉽게 받아들였다. 아니, 사람들은 서로 속삭이는 것을 넘어 강력히 이러한 사상을 표명했다. 플라톤은 '광기를 통해 그리스는 최대의 재산을 갖게 되었다'고 고대의 인류 전체와 함께 말했다. 한 걸음 더 나아가보자. 어떤 윤리의 질곡을 부수면서 새로운 법을 부여하려는, 거역하기 어려운 유혹에 사로잡혔던 저 탁월한 모든 인간에게는 그들이 실제로 미치지 않았을 경우에는 자신을 미치게 하거나 미친 것처럼 보이

50 《도덕의 계보》 II, 2절.

51 《즐거운 지식》, 76절.

게 하는 것 외에 다른 방도가 없었다.[52]

풍습과 법. 그것은 우리 곁에 있는 죽음의 형상이다. 심장박동이 규칙적인 파형을 그리면 곧 심장마비가 일어나는 것처럼, 존재는 규칙이 되는 순간 '아름다운' 죽음을 맞이하게 된다. 광인은 법에서 이 같은 죽음의 이미지를 본다. "나는 법을 파괴했습니다. 시체가 사람들을 불안하게 하는 것처럼 법이 나를 불안하게 합니다."[53] "고대 문명의 중요한 모든 인간은 이러한 무서운 사상을 따랐다." 그리고 다양한 고대 문명이 광기를 불러낼 수 있는 은밀한 가르침을 보존했다. 아메리카 인디언들이 마술사가 되고, 중세 기독교인들이 성자가 되고, 그린란드인들이 안게코크Angekok가 되고, 브라질인들이 파헤Paje가 되기 위해 사용한 기술들은 본질적으로 비슷한 것이었다. "터무니없을 정도의 단식, 성욕의 지속적 억제, 사막으로 가거나 산에 오르거나 기둥에 오르는 것, '멀리 호수가 보이는 오래된 버드나무 위에 앉아 있는 것', 이 모든 것이 황홀경이나 정신의 무질서를 초래할 수 있는 처방들이었다."[54]

풍습을 벗어나게 하는 두 번째 수단은 '잔혹'이었다. 《도덕의 계보》에서 니체는 선사시대가 잔혹한 폭력을 수단으로 삼아 매우 역설적이게도 자기 시대 풍습의 윤리를 벗어나는 독립된 인간형을 낳을 수 있었다고 말했다. 풍습과 사회적 강제의 열매가 그런 풍습에서 벗어나는 주권적 개인이었다는 것이다.[55] "불행한 일이 있음에도 자기 자신의 말을 '운명에 대항하여' 지킬 만큼 충분히 자신이 강하다는 것을 알기에, 믿을 수

있는 말을 타인에게 주는 자"를 낳는다는 것이다. 이때 '잔혹'
은 미래를 약속할 수 있는 자를 위한 하나의 단련이 된다.[56]** 〈도덕의 계보〉 II, 2절.
이것은 "자기 자신에 대한 믿음을 갖기 위한 고문"이다.[57]*** 〈서광〉, 18절.

또한 잔혹, 무엇보다 스스로에게 가하는 잔혹은 '풍습의 위
반' 때문에 생길지 모를 신의 분노를 달랠, 신에게 제공되는 쾌
락물이기도 했다.[58] 즉 '잔혹'은 어떤 유혹이나 불행에 휘둘리 〈서광〉, 18절.
지 않게 자신을 단련시키는 역할만이 아니라, 풍습의 전복에
대한 어떤 구실을 제공해주기도 했다. 이 정도의 고난을 바쳤
으니 일정한 '죄'를 져도 되지 않겠느냐고 하는, 마조히즘적 전
복의 전략이라 할 수 있지 않을까. 니체는 이렇게 말한다. "단

■   《니체, 천 개의 눈 천 개의 길》(소명출판, 2001)을 썼을 당시 나는 '약속할 수
있는 동물 기르기'를 일면적으로만 파악했다. 근대의 훈육시스템이 인간을 어떻게
계산 가능한 동물로 길러내는지(황야의 동물을 어떻게 동물원 안에 넣어 길들이는지)
라는 관점에서만 파악한 것이다. 니체가 《도덕의 계보》에서 '약속할 수 있는 동물'을
'주권적 개인'의 산출이라는 관점에서 기술하고 있는 내용(특히 선사적 관점에서)을
놓친 것이다. 니체는 한 문화가 자신을 넘어서는 존재, 새로운 미래를 약속할 수 있
는 존재를 산출하기 위해 잔혹한 수단을 이용했다는 것을 말하고 있다. 금욕과 잔혹
이 약자를 길러내는 메커니즘일 수도 있지만(마르크스가 《자본론》의 '소위 시초축적에
관하여'라는 장에서 잘 말하고 있듯이), 강자를 만들고 단련시키는 방법일 수도 있다는
것, 특히 근대적이고 기독교적인 금욕주의와는 아주 다른 형태의 고대 금욕주의가
있었다는 점에 대해 생각해볼 필요가 있다.
■■   기독교적 금욕과는 다른 고대적 금욕의 의미와 가치가 여기에 있다. 기독교
적 금욕이 구원을 위해 감내해야 할 '부자유' 내지 '복종'의 논리라면, 고대 견유주의
나 스토아주의에서 금욕은 유혹이나 공포에 휘둘리지 않는 '자유'를 위해 개발된 기
술이었다.
■■■   참고로 《서광》 18절의 제목, 'freiwillige Leiden'은 유의해서 읽을 필요가 있
다. 여기서 니체가 말하고자 하는 것은 '자발적 수난'이다. '양심의 가책'Das schlechte
Gewissen에서 보이는 병리적 현상으로서의 '자기학대'와는 구분해야 한다.

59 《서광》, 18절.

지 앞으로 나아가는 것만이 아니라, 무엇보다 걷는 것, 운동, 변화 그 자체가 참으로 무수한 순교자들을 필요로 했다."59 그런데 순교자들의 희생은 그 자체로 풍습을 수정할 어떤 이유가 되어준다.

사람들은 자신에게 이렇게 말한다. 〔우리가 행복할 때는〕 신들이 그 행복 때문에 우리에게 무자비하고 〔우리가 괴로워할 때는〕 그 괴로움 때문에 우리에게 자비를 베풀기를. 그러나 동정하지는 말기를! 왜냐하면 동정은 경멸할 만한 것으로 여겨지고, 강하고 무서운 인간들의 존엄을 손상하는 것으로 여겨지기 때문이다. 사람들은 신들이 〔인간들이 고통을 겪는 모습을 보며〕 흥겨워하고 기분이 좋아져 자비를 베풀기를 바란다. 잔혹한 사람은 힘의 감정이 가져오는 쾌감을 향유하기 때문이다.60※

60 《서광》, 18절.

그래서 종종 세계는 인간이 신들을 위해 벌이는 거대한 잔혹극의 극장이 되었다. 니체는 이렇게 말한다. "그리스인들 역시 그들 자신의 신들을 행복하게 해주기 위해서 잔인함의 즐거움보다 더 좋은 간식을 바칠 줄 몰랐다는 것은 확실하다. 당신은 도대체 호메로스가 자신의 신들로 하여금 인간의 운명을 내려다보게 한 것이 어떤 눈이었다고 생각하는가? 근본적으로 트

---

61 《도덕의 계보》 II, 5절, 10절.

※ 니체에 따르면 고대의 갖가지 형벌 역시 범죄 행위에 대한 등가물이라기보다는, 그 행위와 관련해 권리를 가진 자가 분노를 누그러뜨릴 수준까지 쾌락을 제공하는, 적어도 분노를 누그러뜨릴 수 있는 정도까지의 잔혹을 제공하는 일이었다.61

로이 전쟁과 그와 유사한 비극적이고 무서운 사건들은 어떤 궁극적 의미를 지니고 있단 말인가? 의심할 여지 없이 이것들은 신들을 위한 축제극이기도 했다. …… 후에 그리스의 도덕 철학자들이 도덕적인 논쟁이나 유덕자의 영웅주의나 자기 가책을 신의 눈이 내려다보고 있다고 생각했던 것은 이와 같은 것이었다." 그들은 "지상의 무대에서 진실로 새로운 것, 진실로 전대미문의 긴장, 갈등, 파국이 없어서는 안 된다"고 생각했다. "결정론적 세계"는 신들에게 …… "싫증이 나는 세계"이기 때문이다.[62] 그들은 '세계의 관객'으로서의 '신'을 세심하게 배려했다. 그러나 사실 그것은 그들이 잔혹극의 형식을 빌려 '새로운 것, 긴장, 갈등, 파국'을 긍정하는 방법이라고도 할 수 있을 것이다. 그들은 그렇게 하나의 고착된 세계, 풍습 아래 길들여진 세계를 벗어날 방법을 찾았다(그러나 우리는 조심스럽게 다음의 사실도 덧붙여야 할 것이다. 잔혹한 폭력은 선사시대(혹은 후사시대) '주권적 개인'을 낳는 단련일 수도 있지만, 역사시대 '길들여진 동물'로 나아가는 길일 수도 있다는 것. 금욕의 상반된 길).

[62] 《도덕의 계보》 II, 7절.

4

기독교의 정신

잔혹 내지 자기수난이 반드시 주권적 개인의 탄생으로 연결되는 건 아니라는 점은 기독교적 금욕에서 확인할 수 있다. 니체는 기독교 역시 고통과 대면해 그것에 하나의 의미를 부여하고자 했다고 말한다. 그들도 "고통 속으로 비밀스러운 구원 장치 전체를 집어넣어 해석"했다. 그들도 목격자로서 신에게 뭔가를 보여주었다. 하지만《차라투스트라》에 등장하는 '더없이 추악한 인간'이 그랬듯이,▪ 그들은 목격자에게 복수하는 배우였다. 그들은 "고통을 목격자의 입장이나 고통스럽게 만드는 자의 입장에서 해석할 줄 알았던 고대의 소박한 인간들"[64]과는 너무 달랐다. 니체는《서광》제1권 29절에서 이들을 '덕을 보여주는 배우'와 '죄를 보여주는 배우'로 구분하고 있다. "태생적으로 배우였던 그리스인들은" "자신의 덕을 과시하기 위해,

64 《도덕의 계보》 II, 7절.

무엇보다 그 자신에게 보여주기 위해, …… 모든 수단을 다 동원했다."[65] 그들은 자신의 잘남을 내보임으로써 '타인에게 고통을 주고 타인의 시기심을 불러일으키고자' 한다.[66] 덕의 경쟁적 과시 속에서, 자신의 잘남이 만들어낸 그 거리감을 즐기는 것이다. 니체는 이를 가리켜 힘을 느끼는 것, 다시 말해 '힘의 감정'Gefühl der Macht[67]이라고 부른다.

65 《서광》, 29절.

66 《서광》, 30절.

67 《서광》, 23절.

'힘의 감정'은 우리가 《서광》을 읽으며 여러 번 마주하게 될 아주 중요한 개념이다. 일반적으로 이 개념은 '힘에의 의지' Wille zur Macht의 선구적 개념으로 평가되기도 한다(참고로 니체가 '힘에의 의지'를 비롯해서 '~에의 의지'Wille zur~라는 표현을 본격적으로 쓴 것은 1886년 이후이다). '힘의 감정'이란 힘에 대한 감각이자 평가이며, 힘을 받을 때만큼이나 행사할 때도 느끼는 감정이다. 니체에게 '강자'와 '약자'란 '힘에의 의지'에 따른 구분이기 이전에 '힘의 감정'에 따른 구분, 즉 서로 다른 감각 내지 감성의 문제라고 할 수 있다.

《서광》에서 니체는 '힘의 감정'을 "인간의 가장 강력한 성향"이라고 하면서 일종의 "예민한 황금저울"이라 부르기도 하

※　《차라투스트라》에서 '보다 높은 인간'들 중 하나인 '더없이 추악한 인간'은 너무 못나고 불쌍한 모습으로 그 목격자를 연민의 고통에 빠뜨리는 자이다. 보는 자에게 '보임'을 복수로 이용하는 것이다('목격자에 대한 앙갚음'). 차라투스트라는 그를 신의 살해자로 지목한다. "그대가 누구인지를 잘 알고 있다. 신을 죽인 자가 아닌가! 조용히 지나가도록 길을 비켜달라. 그대, 더없이 추악한 자여, 그대는 그대의 모습을 목격한 자를, 그대를 항상 그리고 빈틈없이 보아온 자를 참고 견뎌내지 못했다! 그대는 이 목격자에게 앙갚음하고 말았다!"[63]

63 《차라투스트라는 이렇게 말했다》, 더없이 추악한 인간.

68 《서광》, 23절.

69 《서광》, 189절.

70 《서광》, 348절.

71 《서광》, 356절.

고.[68] "사람들을 앞으로 몰아대는 가장 강력한 물"에 빗대기도 했다.[69] 사람들은 처음에는 힘 감정을 획득하기 위해 온갖 수단을 동원하지만, 일단 힘 감정에 정통하게 되면 아주 섬세해지고 고상하고 까다로워지기도 한다.[70] 사물을 아주 예민하고 섬세하게 평가하는 것이다. '힘의 감정'은 그런 고상함을 표현하고 방출하고자 하는 충동이기도 하다.[71] '강자'란 바로 여기에 정통한 사람들이다.

죄지은 삶과 불행의 의미

72 《서광》, 65절.

73 《서광》, 29절.

니체에 따르면 기독교인들은 "자신을 지배할 수 있고 지배함으로써 (생겨나는) 힘의 감정에 정통한" 사람들이 아니었다.[72] 기독교는 덕을 드러내는 것에는 소질이 없었고, 반대로 죄를 드러내는 것에서 천재성을 발휘했다.[73] 기독교는 무엇보다 현실의 불행과 고통을 죄와 연결 지었다. 죄의 크기와 불행의 크기를 연계하는 계산법, 즉 '고통과 불행이 클수록 지은 죄가 큰 것'이라고 추론하는 것이다.

그런데 이것은 고대적 추론과는 많이 다르다. 죄지은 삶, 죄지은 세계라는 기독교적 사고와 달리, 고대인들은 삶과 세계의 '순진무구함'innocence을 믿었다. 그들 역시 '죄'를 알고 있었고 여러 '불행'도 목격했다. 그러나 "그들은 너무나 순진무구해서 죄와 불행 사이에 아무런 '상응 관계'를 설정하지 않았다." 비극적 영웅들은 죄에 걸려 넘어져 "팔이 부러지고 눈알이 뽑힌다." 그러나 그것은 작은 돌멩이에 불과하다. "조금 더 신중했"
어야 하고 "조금 덜 건방지게 걸었어야" 한다. 이것이 그 사태
를 목격한 고대인들의 반응이었다. 그러나 기독교의 해석은 달
랐다. "여기에는 큰 불행이 있다. 그 배후에는 우리가 분명하
게 볼 수는 없어도 무겁고 〔그 불행과〕 같은 무게의 죄가 틀림없
이 숨어 있다! …… 더 불행하다는 것을 느끼지 않는다면, 그
대는 고집이 센 것이다. (그러면) 그대는 훨씬 더 나쁜 일을 겪
을 것이다. 기독교는 '순수하고 죄와 무관한 불행'을 알지 못했
다.[74]

74 《서광》, 78절.

기독교의 추론은 인간이 더 이상 추론할 수 없는 무력함을
보일 때 완성되며, 그 목표를 달성할 수 없어 절망하고 자책할
때 완성되는 윤리학이다(기독교 도덕이 약자를 생산하고 무엇보다
약자에 기초한다는 것은 이런 의미이다). 그래서 니체는 물었다.
"전지전능한 존재이면서도 자신의 의도를 자신의 피조물이 이
해할 수 없게 하는 신이 과연 선한 신일 수 있을까? …… 더욱
이 진리를 잘못 파악했을 경우에는 가장 무서운 결과가 초래될
것을 각오하라고 요구하는 신이?"[75] "《신약성서》에는 덕의 규
준, 즉 완성된 율법의 규준이 설정되어 있다. 그러나 이런 규준
은 불가능한 덕의 규준이다. 윤리적으로 여전히 노력하고 있는
인간들은 이런 규준에 비추어보며 자신들이 목표에서 갈수록
멀어진다고 느껴야 한다. 그들은 덕에 대해 절망해야 하고 결
국 자비로운 사람의 가슴에 몸을 던져야 한다. 이렇게 끝날 경
우에만 윤리적인 노력은 기독교인에게 가치 있는 것으로 여겨
질 수 있다."[79] 니체는 이러한 기독교적 도덕의 성격을 로마 식

75 《서광》, 91절.

79 《서광》, 87절.

언더그라운드 니체

민지에 살던 가난한 사람들이 로마 총독에 대해 느낀 감정과 같은 게 아닐까 추측한다. 나약했던 1세기 기독교인들은 막강한 재판관의 생각을 알 수 없었기에 스스로를 의인이라고 주장해 그 재판관의 감정을 상하게 하기보다는 죄를 인정하고 용서를 구하는 편이 안전하다고 생각했다는 것이다.[80]

80 《서광》, 74절.

니체가 기독교를 비판할 때, 그는 말하자면 기독교의 '유래'를 비판하는 것이다. 기독교는 좋은 유래를 갖지 못했다. 앞서 말한 것처럼 '불행'과 '죄', '무지', '무력감', '절망', '포기' 같은 단어들은 기독교가 발생하고 성장한 풍토가 그리 좋지 않음을 말해준다(가치의 토대에 대한 평가). 니체는 기독교의 발생을 '피로'나 '증오'와도 연결시킨다. 이를테면 "로마만이 지배하는 상태에서 피로한 방관자들이 로마에 대해 품어온 200년에 걸친 말 없는 증오는, 로마, 즉 '세계'와 '죄'를 하나로 느끼고 파악

---

76 《서광》, 91절.

77 Blaise Pascal, 김형길 옮김, 《팡세》, 서울대학교출판부, 2005, 520~527쪽.

78 Lucien GoldMann, 송기형·정과리 옮김, 《숨은 신》, 연구사, 1986.

※　니체는 이 아포리즘에서 파스칼의 '숨은 신'에 대해 언급한다. 세상에 자신을 절반쯤만 드러내는 파스칼 식 '숨은 신'이란 "인류에게 진실하고 분명하게 말해야 한다는 신의 의무"가 방기된 것으로, 어떤 부정직과 부도덕을 나타낸다[76]는 것이다. 실제로 파스칼은 '숨은 신', 다시 말해 "부분적으로 숨어 있고 부분적으로 드러나는" 신은 인간에게 당연하면서도 유익한 것이라고 했다. 자신의 절반만을 드러내는 '숨은 신'은 한편으로 철학자의 오만, 즉 '신을 안다'고 생각하지만 정작 자기의 비참은 모르는 이들의 오만을 막아준다. 그리고 다른 한편으로는 '신은 모르고 자기 비참만을 아는' 무신론자들을 절망에서 구해준다.[77] 참고로 파스칼의 '숨은 신'이 당시 세계관과 관련해서 갖는 의미에 대해서는 뤼시앙 골드만Lucien GoldMann의 논의도 참조하라. 골드만에 따르면 파스칼의 '숨은 신'은 데카르트로 대표되는 17세기 합리주의적 세계관에 맞섰던 비극적 세계관이다. 그에 따르면 '숨은 신'은 합리주의적 세계관의 우주론, 즉 인간적 특성이 사라지고 기술적이고 도구적으로 전락한 우주공간에서 침묵하는 신, 그럼으로써 합리주의적 세계관의 위험성을 깨닫게 하는 신, 우리에게 삶의 본질과 전체성을 일깨워주는 신이다.[78]

했던 기독교에서 마침내 폭발하고 말았다." 사람들은 모든 것을 로마를 위한 과거와 현재로 만들었던 로마에 복수하기 위해 "다른 미래를 눈앞에 그림으로써" "최후의 심판을 꿈꾸며 로마에 복수했다."[81]

81 《서광》, 71절.

기독교가 죽음에 이르는 길

이처럼 삶에 죽음의 이미지들(죄의식, 무력감, 절망, 증오, 심판, 피로, 원한, 가책 등)을 도입하는 것은 생리적으로 맞지 않고 도태되어야 할 것이지만 기독교는 이런 신앙을 보호하는 데 매우 영리한 수완을 발휘했다. 기독교는 이미 로마에 퍼져 있던 '지옥의 형벌'이라는 생각을 이용했고(당시 에피쿠로스와 루크레티우스는 이 생각을 물리치기 위해 얼마나 노력했던가!■), "죄인에 대한 형벌로서 영원한 죽음"을 말하기 시작했다. 바울은 구세주를 통해 만인에게 영생의 길이 열렸다고 했으나 구원받지 못한 자들은 부활되지 않을 것이라고 했다. 그리고 점차 위협의 강

■   에피쿠로스의 다음 문장을 참고하라. "가장 두려운 악인 죽음은 우리에게 아무것도 아니다. 왜냐하면 우리가 존재하는 한 죽음은 우리와 함께 있지 않으며, 죽음이 오면 이미 우리는 존재하지 않기 때문이다. 그렇다면 죽음은 산 사람이나 죽은 사람 모두와 아무런 상관이 없다. 왜냐하면 산 사람에게는 아직 죽음이 오지 않았고, 죽은 사람은 이미 존재하지 않기 때문이다."[82] 그리고 루크레티우스의 《사물의 본성에 관하여》, 특히 '죽음에 대한 공포의 어리석음'에 대해 말하고 있는 제3권 830~1094행을 참고하라.[83]

82 Epicurus, 오유석 옮김, 《쾌락》, 문학과지성사, 1998, 43~44쪽.
83 Lucretius, 강대진 옮김, 《사물의 본성에 관하여》, 아카넷, 2013, 248~268쪽.

도를 높이기 위해 '영원한 죽음' 대신에 '영원한 저주'를 도입하기까지 했다. 즉 죄인은 죽지 않고 영원히 벌을 받는다는 사상까지 나아간 것이다.[84] 이 모든 것은 일종의 '영혼의 고문'이다.[85]※

이 도덕을 넘어설 힘이 있을까. 역설적이지만 니체는 기독교의 도덕 내부에서 그것을 발견한다. 니체가 즐겨 하던 말이 있다. "삶은 필연적으로 자기극복의 법칙을 가지고 있다." 무엇보다도 '정직'에 대한 기독교의 요구 속에 기독교의 자기극복이 있지 않을까.

니체를 통해 볼 때, 기독교가 죽음에 이르는 두 가지 길이 있다. 그 하나는 '기독교의 안락사'이다. 92절의 아포리즘이 여기에 해당한다. 기독교는 '부드러운 도덕주의'로 전락하고 사람들은 사교를 위해 교회에 다닌다. "기독교가 죽어가는 침대에서—현재 정말로 활동적인 인간들은 마음속으로는 기독교를 믿지 않는다. 그리고 정신적으로 중간 정도 수준인 좀 더 온순하고 좀 더 관상적인 사람들은 오직 〔현재에 맞게〕 조정된 기독교, 즉 놀라울 만큼 단순화된 기독교를 믿고 있을 뿐이다. …… 그러나 이와 함께 우리는 기독교가 부드러운 도덕주의로 변했다는 사실을 깨달아야 한다. '신, 자유, 불사'가 아니라, 오히려 호의와 절도 있는 법도, 그리고 호의와 절도 있는 법도가 세계 전체를 지배하게 될 것이라는 믿음이 남게 되었다. 그것

84 《서광》, 72절.

85 《서광》, 77절.

86 《서광》, 59절.
87 《서광》, 60절.

※　이 외에도 니체는 기독교의 몇 가지 악덕, 곧 문헌학자의 꼼꼼함과 느린 가락에 대비되는 기독교의 성급함,[86] 육체의 경멸과 정신화[87] 등을 지적한다.

은 기독교의 안락사다."88 《서광》, 92절.

기독교가 죽음에 이르는 또 다른 길은 '기독교의 자기극복'이다. 그것은 기독교를 철저하게 다시 체험하려고 시도하는 것이다. 61절의 아포리즘에서 니체가 촉구하는 것이 그것이다. "지금도 여전히 독실한 기독교인들에게는 상당히 오랫동안 기독교 없이 생활해야 할 의무가 있다." 이른바 "'황야에' 체류해야 할 의무"이다. 기독교를 옹호하는 발언을 하기 위해서도 기독교를 잠시 떠나 있는 체험. "그렇다. 정직한 열정을 품고 기독교와 대립된 삶 안에서 견뎌내고 몇 년 동안 기독교 없이 생활한 뒤가 아니면, 기독교를 떠나 방랑을 한 뒤가 아니면, 그대들의 증언은 무게를 갖지 못한다. 향수 때문이 아니라 엄격한 비교에 바탕을 둔 판단에 의해 되돌아올 경우에만 그대들의 귀향은 중요하다! 장래에 언젠가는 인간들이 과거의 모든 가치평가를 그러한 방식으로 대할 것이다. 사람들은 이러한 가치평가들을 자발적인 의지로 다시 한 번 철저하게 체험해야 한다. 그리고 그것들에 반대되는 것들도 철저하게 체험해야 한다. 마침내 그것들을 체로 걸러서 제거할 권리를 갖기 위해."89 《서광》, 61절.

루터나 바울은 분명 그런 시도를 보여준 것이다. 루터는 수도원에 갇혔을 때 자기 안으로 어두운 광맥을 파고 들어갔다. 그는 성경을 몇 번이고 반복해서 읽었다. 그러고는 정직하게 말했다. 성경에는 교황도 면죄부도 없다는 것을. 니체는 루터가 '고행을 통해 성자가 되는 길'을 진지하게 도전했음을 환기시킨다. 그러나 루터는 기독교 성자들의 그런 '관상적〔관조적〕 삶'이 불가능하다는 것, 계속 그렇게 하다가는 "자신의 타고난

'활동적' 영혼과 육체"가 파괴될 것임을 깨달았다. 그래서 "그는 결단을 내리며 말했다. "관상적 삶은 사실 존재하지 않는다! 우리는 우리 자신을 기만해왔다! 성자들은 우리 자신보다 더 가치 있는 존재들이 아니었다." 니체는 이것이 비록 자기 정당성을 외치는 "존스러운 방법이기는 했지만, 당시 독일인에게는 정당하면서도 유일한 방법이었다"고 수긍한다.[90]

90 《서광》, 88절.

니체가 '최초의 기독교인'이라고 부른 바울 역시 마찬가지였다. "청년 시절 그는 유대인이 생각할 수 있는 최고의 영예를 획득하기를 갈망하며 율법을 충실히 따르려 했다." 그는 "신과 그의 율법의 광신적 수호자이자 명예의 파수꾼이 되었고 그것을 위반하고 의심하는 사람들과 끊임없이 싸웠다." 그는 진지하게 자신이 믿는 것을 체험하려 했던 것이다. 그러나 자신의 격한 성정, 감각적이고 악질적인 증오심, 과도한 지배욕 등 때문에 율법을 지키기가 어렵다는 것을 점차 깨닫게 된다. 그는 율법을 지킬 수 없는 육체에 대한 번민과, 애당초 지킬 수 없는 것으로 내려진 율법에 대한 의혹 사이에서 괴로워했다. 그러다 어느 순간 하나의 환상이 찾아왔다. "율법을 열광적으로 숭배했지만 내적으로는 율법에 진저리가 난 그에게, 호젓한 길에서 얼굴에 신의 광채를 띤 저 그리스도가 나타났고, 바울은 '어찌하여 너는 나를 박해하느냐?'라는 말을 들었다." 바울의 머리는 밝아졌다. 그는 말했다. "바로 이 그리스도를 박해하는 것은 불합리하다! 여기에 바로 출구가 있다." 과거에는 예수의 죽음이 예수가 메시아임을 부정하는 증거로 보였다. 그러나 '예수의 죽음'과 '율법의 파괴'를 겹쳐놓으면서, 그는 율법 바깥에 서게 된다. 모든 죄의 제거. 이와 더불어 바울의 도취는 정점에 이르렀고 그는 '그리스도와 한 몸이 된다'는 생각과 함께 모든 부끄러움과 복종과 한계를 자기 영혼에서 제거해버렸다.[91]

91 《서광》, 68절.

그러나 루터와 바울의 시도는 '괴물과 싸우는 자의 최대 위험', 바로 '괴물을 닮는 것'으로 끝난다. 예컨대 루터는 교황청에 맞서기 위해 로마에 갔다. 당시 로마에서는 이미 낡은 교회에 맞서 삶의 건강성을 되찾으려는 '르네상스'가 일어났는데, 루터는 교황청에 대한 원한과 복수심('좌절당한 사제의 복수심에 불탄 루터') 때문에 정작 로마에서 일어난 일을 알아차리지 못했다. 그는 결국 교회를 재건했다. "실제로 일어났던 그 거대한 사건〔르네상스〕을 깊이 감사하면서 이해하는 대신 루터의 증오심은 그 광경에서 자신을 살찌울 양식만을 끄집어낼 줄 알았을 뿐이다. 종교적인 인간은 단지 자기 자신만을 생각하는 법이니까. 루터가 본 것은 교황청의 부패였다. 바로 그 반대가 명약관화했는데도 말이다: 옛 부패, 원죄라는 것, 기독교는 더이상은 교황의 자리에 앉아 있지 않는데도! 오히려 삶이 그 자리에 앉아 있었는데도! …… 그리고 루터는 교회를 재건했다. 교회를 공격하면서 말이다."[92]

92 《안티크리스트》, 61절.

바울 역시 마찬가지였다. 그는 진정 예수를 통해 '죄' 개념 자체가 없어진 것, "신과 인간 사이의 간격 일체가 부정된 것"을 알았고, 그것이 '복음'이라는 것도 알았다. 그것도 예수가 아무런 특권도 없이 그랬다는 것, 즉 누구나 예수처럼 신의 아들이 될 수 있다는 것을 알았다. 그러나 바울은 어느덧 예수를 특권화했다. 그 속에서 그는 새로운 죽음의 그림자를 만들어냈다. "구원자 유형 안으로 단계적으로 들어온 것들: 심판과 재림에 대한 교리, 희생적 죽음으로서의 죽음에 대한 교리, 부활에 대한 교리." 무엇보다 이 '부활에 대한 교리'가 '복음' 전체를 날려버렸다. 부활 전에는 '죽음'이 있다. 바울은 '부활'을 하나의 보상으로, "개인의 불멸을 보상이라고 가르치기까지 했다."[93] 그리스도가 살았던 삶(그것이 바로 천국이었다), 그 모범은 사라졌고 "사실도 없어졌고 역사적 진리도 없어졌다." "근본적으로 바울은 구세주의 삶을 이용할 수가 없었다"(그는 예수를 만난 적이 없기에). "그가 필요로 했던 것은 십자가에서의 죽음이었다."[94] 불멸에 대한 믿음, 심판에 대한 교설이 들어와버렸다. 이로써 "신앙이 아니라 행동으로", "다른 식의 존재로", 심판을 거치지 않은 채 바로 '이 세계에서의 다른 삶'으로 천국을 입증했던 예수는, 제자를 자처한 천재적 수완가에 의해 죽고 말았다. 예수처럼 행동하고 예수처럼 사는 것보다 예수를 믿는 것, 무엇보다 그의 죽음과 부활, 심판을 믿는 것이 중요해져버렸다.

93 《안티크리스트》, 41절.

94 《안티크리스트》, 42절.

제 3 장

우리 자신에 대한 오독

지름길은 가짜다. 최후의 심판도 가짜고 대혁명도 가짜다. 성급한 독서는 모두 가짜다. 니체는 정 직한 혁명만을 믿었다. 30년 동안 병이 들었다면 30년을 치료에 쓸 생각을 하라. 초조해서 발을 구르는 자는 죄를 짓는다. 조급해하는 이로부터 눈을 빼앗고 영혼을 빼앗는 것은 얼마나 쉬운가. 때는 꼭 와야만 하는 때에 오지 않는다. 그것은 언제 와도 좋은 때에 온다. 다만 당신이 천천히 걷기를. 혁명이란 빠른 걸음이 아니라 대담하고 단호한 걸음이다.

I

도덕의 부도덕한 동기

앞서 제2장에서 우리는 신성한 것들의 '수치스러운 기원'에 대해 이야기했다. 제3장도 여기서 시작해야 할 것 같다. 누군가 어떤 도덕적 행위를 할 때 그것이 반드시 도덕적 동기에서 유래하는 것은 아니다. "이기심이나 허영심, 체념이나 생각 없음, 절망 때문에도 사람들은 도덕적 행동을 할 수 있다."[1] 이성이 비이성적 유래를 갖는 것처럼 도덕적 행위도 부도덕한 유래를 가질 수가 있다. 실제로 많은 도덕들이 그 유래가 망각된 채 하나의 모방, 습관, 관습의 형태로 존재한다. 따라서 누군가 관습으로 신앙을 갖는 일을 부정직하다고 비난한다면 그는 사실 신앙 자체를 비난하는 것이 된다.[2]

[1] 《서광》, 97절.

[2] 《서광》, 101절.

세 가지 중첩된 오류

도덕적 행위에 대한 우리의 판단은 종종 중첩된 오류에서 나온다. 우리는 우선 그 행위가 우리에게 어떤 결과를 초래했는지에 주목한다. 우리에게 이로웠는지, 해로웠는지. 그다음 우리는 그 행위가 행위자의 의도에 따른 것으로 간주한다. 그러고는 그런 의도가 그 행위자의 지속적 성질, 다시 말해 행위자의 본질적 측면을 나타낸다고 생각한다. 니체는 이를 "삼중의 오류"라고 불렀다.[3] 세 가지 질문을 던져보자. ① 행위를 결과의 차원에서, 그것도 그 행위를 당한 자의 관점에서 평가하는 것이 옳은가? ② 행위와 의도 사이에는 필연적 관계가 성립하는가? ③ 타인과의 관계에서 만들어진 유동적이고 우발적인 요소들을 그 타인의 본질로 가정할 수 있는가? 결론적으로 보자면 그 어느 것 하나 확실하지 않다. 니체에 따르면 이런 판단은 결국 우리의 어리석음만을 보여줄 뿐이다[※] (나중에 '자유의지'를 비판하며 우리는 이 문제를 다시 살펴볼 것이다).

도덕의 유래에 대해 니체가 제시하는 심리적 가설 중 하나는 이렇다.[5] 행위자로서 우리가 어떤 새로운 종류의 쾌감을 예감하면서 무언가를 의욕할 때, 그때 그 의욕에 저항하는 것이 무

3 《서광》, 102절.

5 《서광》, 110절.

4 《서광》, 102절.

[※]   니체는 은근히 이 어리석음의 배후에 어떤 진실이 '불손한 생각'의 형태로 들어 있지 않을까 암시한다. "이런 진정한 어리석음의 배후에는, 선과 악이 우리를 기준으로 측정되기 때문에 우리 자신이 선의 원리여야 한다는 가장 불손한 생각이 숨어 있는 게 아닐까?"[4]

엇이냐가 중요하다. 거기 저항하는 것was sich widersetzt이 아주 저속한 것들이고(예컨대 퇴폐적이거나 부도덕한 것), 게다가 우리 자신이 그다지 존경할 만한 훌륭한 인간은 아니라는 판단이 들 때, 우리는 우리가 '의욕했던 것'이 뭔가 자신을 고상하게 만들어주는, '고귀하고 선하며 칭찬할 만하고 희생할 만한' 것이라고 생각한다. 그래서 우리가 그동안 추구해온 도덕 목표들에 이것을 추가한다. 그러고는 이제 우리가 쾌감이 아니라 도덕을 추구한다고 생각한다.

사실 우리는 대개의 경우 가치평가자가 아니다. "모든 가치평가는 자신의 것이거나 받아들여진 것인데 대부분은 후자에 해당한다."[6] 무엇을 어떻게 행동해야 하는가. 직접적이고 조야한 욕구와 관련된 사안일수록 대답은 어렵지 않다. 그러나 그것이 포괄적이고 보편적일수록, 그리고 좀 더 중요한 행위 영역으로 올라갈수록 답은 불확실하고 또 자의적인 것이 된다.[7] 즉 구체적인 누군가의 어떤 퇴폐적 행위에 대해서는 그렇게 행동하면 안 된다고 쉽게 판단 내릴 수 있지만, 인류가 어떻게 사는 것이 올바른지에 대해서는 확실하게 말할 수 없다.

과연 지금 인류에게 "이러저러한 것을 행해야 한다"고 말할 수 있는 일반적 목표가 설정될 수 있을까. "현재로서는 이런 목표가 존재하지 않는다. 따라서 도덕의 요구를 인류에게 부과해서는 안 된다. 그것은 비합리적이고 무책임한 것이다." 목표로 추천할 수는 있지만 도덕처럼 부과할 수는 없다. 그런데도 "사람들은 이런 〔도덕〕 법칙을 자신에게 부여하려 하지 않고 어딘가에서 받거나 어딘가에서 발견하기를 바라며, 혹은 어딘가

6 《서광》, 104절.

7 《서광》, 107절.

8 《서광》, 108절.

로부터 명령받기를 바란다."[8] 그리고 거기에 영합해 도덕 교사
들은 허영심에 빠져 "모든 사람을 위한 규범을 제공"하려 든

9 《서광》, 194절.

다.[9] 그러나 니체는 이렇게 말한다. "개인이 자신의 행복을 바
라는 한, 그에게 행복에 이르는 길에 대한 어떠한 지침도 주어
져서는 안 된다." 그것은 "개인의 행복은 어느 누구에게도 알
려져 있지 않은 자신만의 고유한 법칙들에서 솟아나기 때문"

10 《서광》, 108절.

이다.[10]

그렇다면 사람들은 왜 외부에서 부여된 '가치평가'를 '받아
들이는가'. 니체는 한마디로 '두려움' 때문이라고 말한다. 실제
로 도덕에서 '그릇되다'라는 것은 '위험하다'라는 것과 같다.
즉 도덕적으로 '그릇된 자'가 되는 것은 그 사회에서 '위험한
자'가 되는 것이다. 그 때문에 도덕은 '무엇을 위해 어떻게'와
관련해 개인적 물음이 공공연하게 제기되는 것을 막아왔다. 도
덕은 "위험이 초래될 경우, 사유를 마비시킨다." 위험을 감지

11 《서광》, 107절.

했을 때 도덕은 사유를 막고 단지 명령한다.[11] 이 경우 우리는
튀지 않으려고 한다. 즉 도덕적 평가를 내면화해 "우리 자신의
것인 듯한 태도를 취하는 게 상책"이라고 생각한다. 그리고 점
차 "이 생각에 길들고 마침내 그것을 우리의 본성으로 만든

12 《서광》, 104절.

다."[12] 즉 우리의 천성은 '천성으로 된 것'이다. 우리가 자신의
생존을 위해 스스로 뭔가를 평가한 것은 아주 어린아이였을 때
뿐이다. 그러나 불행히도 그때의 일을 "다시 고쳐 배우는 일"은
좀처럼 드물다. 그 때문에 우리는 "대부분의 경우 어렸을 적에

13 《서광》, 104절.

익힌 판단들에 의해 일생을 놀아나는 어릿광대들이다."[13]

2

도덕 물신주의

니체는 현대사회가 높은 도덕률로 떠받드는 '이타주의'를 좋게 보지 않았다. 그것은 자기 자신의 상실이거나※ 이기주의의 교묘한 형식일 뿐이라고 보았기 때문이다. 만약 이타주의가 극에 이르러 '보편적 인간애'로 발전한다면 어떻게 될까. 니체는 그것이 매우 "고통스러우면서도 우스꽝스러운 상태가 될 것"이라고 비꼰다. 단 한 사람의 연인에 대해서도 사람들은 그 과도한 감정의 파도 때문에 상황을 주체하지 못하는데, 그런 과도한 기쁨과 슬픔을 수천 명에게 느낀다면 어떻게 될까. 아마 그

※　자기 자신의 상실 혹은 전도된 코나투스를 니체는 '타락'이라고 부른다. "어떤 짐승이나 종이나 어떤 개인이 자기의 본능을 상실했을 때, 자기에게 불리한 것을 선택하고 선호할 때, 나는 그것들이 타락했다고 말한다."[14]

14 《안티크리스트》, 6절.

사람은 파멸하지 않을까? 그럼 사람들은 이번에는 '보편적 인
간애'를 이기심만큼이나 욕하게 되지 않을까?[15]

그렇다면 우리는 이기주의자가 되어야 하는가. 그러나 우리
가 아는 '이기주의'는 니체가 권하는 것과는 거리가 있다. 우리

의 이기주의는 일종의 '사이비 이기주의'Der Schein-Egoismus다.[16]
니체에 따르면 우리는 일생 동안 "자아의 환영Phantom을 위한
일만 한다." 이 자아의 환영이란 '타인에 비춰진 나'이고, 사이
비 이기주의란 이 환영에 대한 나의 동일시라고 할 수 있다.
"자아의 환영은 그들의 주위 사람들의 머리에서 형성되거나
그들에게 전해진 것이다." 말하자면 우리는 "허구적인 가치평

가들의 안개 속에서 함께 산다. 어떤 사람은 항상 다른 사람의
머릿속에 살고 이 머리는 다시 다른 머리들 속에 산다."[17]

도덕은 화폐다

각자에 대한 가치평가가 타자의 머릿속에서 이뤄지고, 그 머릿
속 이미지를 다시 나 자신의, 혹은 또 다른 타자의 머릿속으로
옮긴다. 그러면 이 환영, 이 허구적 가치평가가 자립해 독립성
을 취하게 된다. "기묘한 환영의 세계이지만 그것은 동시에 매
우 냉정한 외관을 보여줄 줄 안다! 의견들과 습관들의 이러한
안개는 그것이 감싸고 있는 인간들한테서 거의 독립해 자라나
고 존속한다. '인간'에 대한 일반적인 판단들이 이 안개 속에서
거대한 영향을 미치고 있다. 자기 자신을 알지 못하는 이 모든

인간은 피가 흐르지 않는 추상물인 '인간', 즉 하나의 허구를 믿고 있다. 이 추상물에 대해 시도되는 모든 변화는 (군주나 철학자 같은) 몇몇 권력자들의 판단을 통해 대다수 사람들에게 생각조차 할 수 없을 정도로 엄청난 영향을 미친다."[18]

18 《서광》, 105절.

나는 여기서 근대의 가치평가 양식에 대한 또 다른 급진적 비판가였던 마르크스를 떠올린다. '자립화된 환영'에 대한 니체의 비판은 마르크스의 '물신주의' 비판과 같다. 마르크스의 말을 잠시 인용해보자. "비슷한 예를 찾아보기 위해 우리는 몽롱한 종교세계로 들어가보지 않으면 안 된다. 거기에서는 인간 두뇌의 산물들이 스스로의 생명을 가진 자립적인 인물로 등장해 그들 자신의 사이 그리고 인간과 인간 사이에서 일정한 관계를 맺고 있다. 마찬가지로 상품세계에서는 인간 손의 산물들이 그와 같이 등장한다. 이것을 나는 물신주의라고 부르는데, 이것은 노동생산물이 상품으로 생산되자마자 거기에 부착되며, 따라서 상품생산과 분리될 수 없다."[19] 상품에 달라붙은(상

19 K. Marx, 김수행 옮김, 《자본론》 1(상), 비봉출판사, 2009, 93쪽.

품을 상품으로 만들어주는) 초감각적 요소가 '가치'(교환가치)이며, 그것이 자립화된 사물로 나타난 것이 '화폐'이다. 그러니 '허구적 가치평가의 자립화'는 니체에게는 도덕에 대한 비판이었고 마르크스에게는 상품과 화폐에 대한 비판이었다고 할 수 있다.

요컨대 도덕은 일종의 화폐이고 화폐는 일종의 도덕이다. 여기서 보편 화폐로서 도덕의 질료가 되는 것은 '추상적 인간'이다. '피가 흐르지 않는' 추상적 인간 말이다. 화폐가 보편적이 되기 위해 구체적 질료가 갖는 특수성에서 점차 해방되듯, 도

20 K. Marx, 최인호 옮김, 《독일이데올로기》(《칼 맑스 프리드리히 엥겔스 저작 선집》1권), 박종철출판사, 2008, 258쪽.

덕은 보편적이 되기 위해 모든 특수성을 사상한 보편 존재로서 추상적 인간을 가정한다.[20]※

니체는 《서광》 112절에서 '권리'와 '의무'를 도덕의 시각이 아니라 '힘의 감정'에 입각한 설명으로 대체한다. 과연 의무란 우리 모두의 복종만을 요구하는 도덕 규범으로 이해되어야 할까. 니체는 이렇게 말한다. "우리의 의무는 우리에 대한 다른 사람들의 권리다." 달리 말하면 "우리의 힘의 영역에 대한 침범"이다. 그 권리를 가진 자들은 우리가 그들과 유사하다고 상정하고 우리에게 뭔가를 맡기기도 하고 교육하기도 하고 뒷받침하기도 하면서 그 권리를 우리에게 행사한다. 우리가 '의무'를 이행하는 것은 그들의 침범에 '보복하는', 조금 톤을 낮춰 말하자면, 그것을 '되갚는' 것이다. '의무'를 이행함으로써 그들이 우리 힘의 영역에 계속 들어오는 것을 막고 우리의 자존심Stolz과 자긍심Selbstherrlichkeit(자기지배력)을 회복한다. 의무를 이행하면서 우리는 "특정한 사항들을 약속하고 그것들에 대한 의무를 짊어질 수 있다는" 우리 자신에 대한 자부심, 힘의 감

※　　이는 다시 한 번 마르크스가 철학자들을 비판하면서 했던 말, '개인을 인간으로 위조하기'unterschieben를 떠올리게 한다. '더 이상 분업 아래 포섭되지 않는 개인들을 철학자들은 이상으로서 '인간'이라는 이름 아래 표상하였고, 우리가 설명한 전체 과정을 '인간'의 발전 과정으로서 파악했는데, 그 결과 각각의 역사적 단계 위에 지금까지 존재했던 개인들이 '인간'으로 위조되게 되었고, 이 '인간'이 역사의 추동력으로서 표현되게 되었다. 그리하여 전체 과정은 '인간'의 자기소외 과정으로 파악되었던바, 본질적으로 이는 이후의 단계들의 평균적 개인들이 항상 이전의 단계들로 바뀌치기되고(위조되고unterschoben) 이후의 의식이 이전의 개인들로 바뀌치기된 데 기인한다."

정을 느낀다.

　'권리'란 '의무'와 반대로 "다른 사람들이 나에게 인정했을 뿐만 아니라 나를 그 안에 머무르게 하려는 내 힘의 부분이다." 그들이 내 권리, 즉 나의 침범을 인정하는 것은 나에게 반대급부를 기대하기 때문이기도 하고, 나를 두려워해서이기도 하며, 제3세력과의 싸움을 준비하는 전략에서 나온 것일 수도 있다. 아니면 반대로 그들의 힘이 충분히 강하기 때문에 그 힘의 일부를 우리에게 허용해도 전혀 문제가 되지 않아서일 수도 있다. 니체는 '정의'와 '형벌'에 대해 말하며 '관용'을 이런 측면에서 조명한 바 있다.[21] 니체에 따르면 채권자(형벌을 가할 권한을 가진 자)는 힘이 셀수록 채무자(형벌을 받는 자)의 잘못에 관대해진다. 그는 지불능력이 없는 자들을 처벌하지 않고 내버려둔다. 개인만이 아니라 공동체의 경우에도 그렇다. 공동체의 힘이 강할 때는 범죄자에 대해 관대하지만 약할 때는 처벌이 혹독하다. '그것들이 조금 뜯어먹는다 한들 무슨 대수인가. 나는 그렇게 약하지 않다'. 이것이 강한 자의 특권이고, 강한 자의 '정의를 지양하는 정의'이며, 한마디로 '법 너머'이다.

[21] 《도덕의 계보》 II, 10절.

힘의 감정

물론 힘 관계가 변화하면 권리와 의무의 관계도 금세 변화한다. 이런 불안정성은 사람들이 힘을 재는 데 민감한 이유가 되지만, 또한 사람들이 힘을 재는 데 민감하기 때문에 생겨나는 것이기도 하다. "우리의 힘이 본질적으로 감소되면 지금까지 우리의 권리를 보증한 사람들의 감정이 변화된다." 우리의 권리는 타인에 의해 부인될 수도 있고 또 타인의 승인을 필요로 하지 않을 만큼 커질 수도 있다. 다시 미세한 힘의 계산이 작동하는 것이다.[22]

22 《서광》, 112절.

　누군가 묵묵히 고행을 수행할 때에도 힘의 감정은 작동한다. 어떤 점에서 고행과 자기수난은 이웃에 대한 권리 행사를 즐기는 가장 높은 단계일 수도 있다. 이웃에 대한 자신의 '탁월함' Auszeichnung을 과시하는, 그리고 그것에서 힘의 감정을 즐기는 충동이 가장 높은 단계에 이르면 극도의 고행과 수난에 대한 자발적 욕구가 나타날 수 있는 것이다. 타인의 영혼에 대한 지배가 간접적 형태로 느껴지거나, 심지어 그것이 자신의 단순한 몽상에 불과하더라도 사람들은 그때의 힘 감정을 즐긴다.[23] 타인이 흉내조차 낼 수 없는 고행 속에서 어떤 우월감을 느끼고, 더 나아가면 타인이 아니라 바로 자기 자신에 대한 승리의 우월감을 느끼는 데까지 이를 수도 있다. 《도덕의 계보》 세 번째 논문에서 니체가 '철학자의 섬뜩한 형상'이라고 언급했던 인도의 금욕주의 왕 '비슈바미트라Viçvamitra'가 거기에 해당할 것이다. 니체는 그 형상을 이렇게 해독했다. "언젠가 '새로운 천국'을 세워본 적이 있는 사람은 그것을 세우기 위한 힘을 먼저 자기 자신의 지옥 속에서 발견했다."[24] 또 니체는 거기에 덧붙였다. '철학의 정신'은 이런 금욕주의 외투 속에서만 살아남을 수 있었다고. 천국을 짓기 위해 끔찍한 몰락의 장소인 지옥으로 걸어 들어가는 것, 거기에 철학자의 최고 자긍심이 있다고 하

23 《서광》, 113절.

24 《도덕의 계보》 III, 10절.

겠다(요즘 철학자 중 누가 그런 정신을 가졌는지는 알 수 없지만).

　니체는 농담 삼아 세계창조조차 신이 기도한 일종의 고행이자 자기수난이 아니었을까 물어본다. 세상을 이렇게 끔찍하게 만들어놓은 것, 무엇보다 "괴로워하는 인간들을 창조"하고 그것을 보며 가책에 괴로워하는 신. 신은 이런 방식으로 자신을 수난에 빠뜨림으로써 최고의 힘 감정을 즐긴 것은 아닌지.²⁵ 　²⁵ 《서광》, 113절.

3

하나의 주석,
하나의 창작물로서의 '자아'

주체subject는 말 그대로 주어subject이다. 니체는 '주체'에 대한 우리의 생각이 '주어'를 쓰는 언어 습관과 관련된다고 말한 적이 있다. '번개가 친다'는 말이 그 예이다. 어두운 하늘에 번쩍이는 것을 우리는 '번개'라고 부르지만 사실 그것은 '치는' 행위이기도 하다. '번개'도 '활동'이고 '친다'도 활동이어서 우리는 저 말을 통해 '주체의 활동'을 말한 것이 아니라 '활동의 활동'을 말한 꼴이다.[26] 그런데 술어 앞에 항상 주어를 놓는 습관은 행위를 주체의 술어로 생각하게 한다. 행위 뒤에는 그 행위를 낳은 주체가 있다는 생각이 자연스레 따라 나온 것이다. 니체가 볼 때 주체는 이런 언어 습관의 파생물이라고 할 수 있다.

26 《도덕의 계보》 I, 13절.

언어, 에고, 주체

그러나 니체는 우리의 언어가 멈춘 곳, 우리의 언어가 표현할 수 없는 곳에 주목해야 한다고 말한다. "바로 이것들이야말로 우리의 성격과 운명의 직물을 잣는 것들"이기 때문이다. 우리가 이미 언어로 표현하는 감정, 곧 분노, 증오, 사랑, 동정, 욕망, 인식, 기쁨, 고통 등은 우리에게 잘 알려져 있는 극단적인 감정이다. 그러나 정작 우리가 그렇게 분명한 철자로는 말할 수 없는 상태들, 강도가 약해서 도무지 제대로 느끼지도 못하는 것들, 하지만 우리의 일상을 이루고 있는 것들은, 우리가 우리 상태를 명확하게 말할 수 있는(물론 여기에도 오해가 있지만) 극단적이고 예외적인 사례 때문에 오해된다. "우리는 우리 자신Selbst이라는, 외관상으로는 분명한 철자들을 잘못 읽는다. 이렇게 그릇된 길에서 우리가 발견한 우리 자신에 대한 우리의 생각, 소위 '자아'Ich가 이후 계속해서 우리의 성격과 운명을 형성하는 데 협력한다."[27]

따라서 니체는 우리가 우리 행위의 '주체'로 상정하는 '자아'Ich, ego를 우리가 '느끼지만 알 수 없는' 어떤 텍스트에 대한 오독이자 잘못된 주석이라고 말한다. '자신'Selbst이라는 철자를 '자아'Ich로 소리 내 읽는 것, 이 오독은 한편으로는 앞서 말한 것처럼 무지를 가리킨다. 우리는 '작은 이성'의 뒤에 있는 '큰 이성', "감각과 정신을 도구이자 장난감"으로 이용하는, 그리고 끊임없이 힘을 비교하고 재며 즐기는, '강력한 명령자', '알려지지 않은 현자'에 대해 잘 모른다.[28] 그러나 다른 한편으로

27 《서광》, 115절.

28 《차라투스트라는 이렇게 말했다》, 신체를 경멸하는 자들에 대하여.

이런 오독은 '전도'이기도 하다. 우리가 '원인'과 '결과'를 바꾸어놓기 때문이다. 즉 우리의 정신, 우리의 인식, 우리의 자아는 '원인'이라기보다는 '결과'이다. 니체에 따르면 "인류는 항상 능동과 수동을 혼동해왔다. 그것은 인류가 영원히 범해온 문법상의 오류이다."[29] 행위 이전의 주체에 대한 상상이 주어를 사용하는 언어 습관에서 왔다면, 주체(자아)를 행위의 원인으로 생각하는 것은 능동과 수동에 대한 문법적 혼동이라고 할 수 있다.

29 《서광》, 120절.

행위 이전에 자유로운 주체를 전제하는 이유는 일단 도덕적 책임과 관련이 있다. "내가 무엇을 원하는지, 그리고 무엇을 했는지를 알고 있는 주체"[30]에 대해서만 우리는 그 책임을 물을 수가 있기 때문이다.

30 《서광》, 116절.

그렇다면 과연 자아는 행위에 책임을 질 수가 있을까. 아니, 그것을 따지기 이전에, 자아가 인식함으로써 행동한다는 가정이 성립할 수 있을까. 니체는 소크라테스 이래로 "올바른 인식에는 올바른 행위가 반드시 뒤따른다"는 생각은 치명적 오류이자 편견이라고 말한다.[31] 《서광》 116절, 117절, 125절을 묶어 우리는 니체의 비판을 다음과 같이 세 가지로 요약할 수 있을 것 같다.

31 《서광》, 116절.

첫째, 인식에서 행동에 이르는 다리는 놓인 적이 없고 오히려 그 반대가 적나라한 현실이다.[32] 인식은 행동을 낳는 데 결코 충분한 원인이 될 수 없다. 《힘에의 의지》에는 이런 구절도 있다. "내가 내 팔을 뻗으려는 의도를 가지고 있다고 하자. 그런데 만약 내가 인체의 생리학이나 운동역학에 대해서 아무것

32 《서광》, 116절.

도 모르는 사람이라면 내 의도가 내 행위를 이끌어내는 데 얼마나 미덥지 못하게 될까." 물론 우리는 이 추론이 얼마나 우스꽝스러운지 잘 알고 있다. 내가 생리학과 운동역학을 몰라도 팔을 뻗는 데는 아무런 문제가 없기 때문이다. "설령 내가 세상에서 가장 명석한 운동역학자여서 팔을 뻗을 때 적용되어야 할 공식을 알고 있다 해도 그것 때문에 내 팔을 더 빨리 더 능숙하게 뻗는 것은 아니다." 어떤 행동을 결심할 수 있지만 그 결심에 따라 행동이 이루어지는 메커니즘은 인식의 결과물이 아니다. 게다가 우리의 의지가 목표로 한 것이 그 '행동'이었는지도 확실치 않다. 의지와 행동은 상응하지 않을 수 있다. 도덕적 행위를 했다고 해서 그것이 도덕적 의지에서 나왔다고 말할 수는 없다는 것이다. 우리의 '내부세계'는 외부세계만큼이나 어쩌면 그보다 더 복잡한 것일 수 있다.

둘째. 인식과 판단의 기초가 되는 감각기관은 우리가 세계를 만나는 통로이지만 또한 우리 세계를 한정하는 감옥이기도 하다.[33] 우리는 우리 눈이 보는 곳까지밖에 볼 수 없다("눈이 좋든 나쁘든 …… 아주 가까운 거리밖에 보지 못한다"). 청각도 촉각도 마찬가지다. 결국 우리는 우리 감각이 미칠 수 있는 "특유한 원" 안에 둘러싸여 있다. 우리는 우리 감각이 한계 지은 지평에 따라 세계를 측정하면서 판단한다. 그러니까 우리는 "평균적인 인간의 삶을 척도로 다른 모든 피조물의 삶을 측정"하는 것이다. 당연히 "이 모든 것은 오류 그 자체이다." 그런데 우리의 인식과 판단은 이 오류에 기초하고 있고 여기서 빠져나갈 수 있는 "뒷길이나 샛길"을 가지고 있지 않다. "우리들 거미는

33 《서광》, 117절.

34 《서광》, 117절.

이 그물 안에서 무엇을 붙잡든 바로 우리의 그물 안에 걸리는 것 이외에는 아무것도 잡을 수 없다."³⁴

셋째, 이런 불리한 조건에도 불구하고 인식은 자신이 경험한 것보다 더 많은 것을 상상하고 가공하고 위조하는 데 천부적 소질을 갖고 있다. "우리는 우리가 행하고 경험하는 것보다 훨씬 더 많은 것을 생각해낼 수 있다. …… 목마른 사람에게는 물이 없다. 그런데 그의 공상은 마치 그것만큼 얻기 쉬운 것이 없는 것처럼 끊임없이 물을 자기 눈앞으로 날라온다. 피상적이고 쉽게 만족하는 종류의 지성은 정작 무엇이 필요한지 파악하지 못하면서도 자신이 우월하다고 느낀다. …… 이처럼 사유의 영역은 행위와 의지와 체험의 영역에 비해 자유의 영역인 것처럼 보인다. 이미 말한 것처럼 그것은 단지 피상과 자기만족의 영역에 불과한데도 말이다."³⁵

35 《서광》, 125절.

꿈의 해석과 자유의지의 환상

'체험과 창작'이라는 제목이 붙은 《서광》 119절은 니체판 '꿈의 해석'이라고 불러도 좋을 것이다. 우리의 꿈은 우리가 깨어 있을 때는 오히려 인식하지 못하는 우리 자신에 대한 많은 것을 말해준다. 꿈은 프로이트가 말한 것처럼 억눌렸던 충동들이 그 소원을 이루는 세계이다. 그러나 더 중요한 사실은 꿈이 그 자체로 우리 의식과 판단이 대단히 자의적인 창작임을 보여준다는 것이다.

"(꿈속에서 형언할 수 없을 정도로 아름다운 음악을 즐기거나 독수리의 환희를 품고 산꼭대기를 향해 나는 경우) 음악과 산에 대한 갈망에 활동공간을 부여하고 그것들을 충족시키는 이러한 창작들은 …… 우리가 자면서 갖게 되는 신경의 자극에 대한 해석이다. 그것들은 피와 내장의 움직임, 팔과 이불의 압박, 종탑의 종소리, 풍향계에서 나는 소리, 나방, 그리고 이런 종류의 다른 사물들에 대한 극히 자유롭고 극히 자의적인 해석들이다. 일반적으로 오늘밤이나 다른 날 밤이나 거의 비슷한 이 텍스트가 이렇게 다양하게 해석된다는 것, 즉 창작하는 이성이 동일한 신경의 자극에 대해 오늘과 내일, 전혀 다른 원인들을 마음속에 그려낸다는 것은, 이 이성의 후견인이 오늘은 어제와는 다른 사람이었다는 데 근거한다." 물론 깨어나면 이런 창작력은 현실의 제약 때문에 급속히 떨어진다. 그러나 우리는 이렇게 덧붙여야 한다. "깨어 있을 때나 꿈꾸고 있을 때나 아무런 본질적 차이도 없다고 말이다."[36]

니체는 우리의 의식이 우리의 체험들, 신체 안에서 일어나는 여러 가지 반응들, 무의식적 충동들, "알려질 수 없지만 느껴지고 있는 텍스트"에 대한 "환상적인 주석"일 수 있다고 말한다.[37] 그리고 도덕적 판단조차 우리에게 알려져 있지 않은 "생리학적 과정에 대한 영상과 상상 또는 어떤 신경 자극을 특징짓는 습관적 언어"일 수 있다고 말한다. 아니, 우리는 체험을 하나의 원텍스트인 것처럼 말했지만 사태는 훨씬 더 근본적이다. 우리에게 "체험한다는 것은 (그 자체로) 창작하는 것"일 수 있기 때문이다.[38]

36 《서광》, 119절.

37 《서광》, 119절.

38 《서광》, 119절.

우리의 본질, 우리의 큰 이성, 우리의 알려져 있지 않은 현자는 자아가 품은 의식이 아니라 자아의 배후에 있는 충동들이다. 그러나 니체에 따르면 우리는 이 충동들 전체를 하나로 묶어 인식하는 일을 피해야 한다. 우리의 신체는 단일체가 아니라 서로 경쟁하고 협동하고 적대하는 충동들의 복합체이기 때문이다. 게다가 우리는 충동 전체에 대해 말할 수 있을 정도로 충동들을 잘 알지도 못한다. "보다 거친 충동들의 이름은 거의 댈 수도 없으며, 그것들의 수와 강도, 그것들의 증강과 감소, 그것들 상호 간의 작용과 반작용, 무엇보다도 그것들에 영양이 공급되는 법칙은 전혀 알려져 있지 않다."

충동들은 우리가 일상에서 매일 겪는 체험을 먹이로 삼는다. 어떤 때는 이 충동이, 다른 때는 저 충동이 먹이를 얻는다. 충동들 전체의 영양이 어떻게 될지 각각의 충동들은 아무런 관심도 없다(이를테면 흡연 충동은 자신의 욕구를 실현하라는 명령만을 내릴 뿐이지 그 결과 흡연하는 신체가 죽을 수도 있다는 염려를 하지 않는다). 어떤 충동은 과식하고 어떤 충동은 굶어 죽을 수 있다. "며칠 혹은 몇 달 동안 갈증이 해소되지 않으면 비를 맞지 못한 식물처럼 말라버리고 만다." 꿈은 우리가 낮시간 동안 제공하지 못했던 음식물을 충동들에게 제공하는 역할을 한다. "특히 소위 도덕적 충동들은 꿈속의 음식물을 통해 만족될 수 있다."**39** 갈증과 굶주림에 처한 충동들은 언제든 호시탐탐 사건을 낚아채려고 한다. 한 충동이 거기에 성공했을 때 그는 자아의 가면을 쓴 채 이렇게 말한다. "나는 그것을 원했다."

그러나 좀처럼 믿기 어렵겠지만 "그대의 행위는 행해진다!"**40**

39 《서광》, 119절.

40 《서광》, 120절.

소위 '자유의지의 환상'에서 우리는 좀처럼 벗어나지 못한다. 우리는 태양이 솟아오를 때 방에서 나와 "나는 태양이 뜨기를 원한다!"고 말하는 사람에 대해 비웃을 것이다. 또 우리는 바퀴를 멈출 수 없으면서도 "나는 바퀴가 구르기를 원한다"고 말하는 사람을 비웃는다. 그리고 우리는 격투에서 져 쓰러진 사람이 "나는 여기에 누워 있다. 하지만 내가 원해서 누워 있는 것이다"라고 말하는 것을 비웃는다. 그러나 니체는 우리에게 묻는다. "우리는 이렇게 비웃지만, 우리가 '나는 원한다'라는 말을 사용할 때 저 세 사람과 다른 의미로 그 말을 사용한다고 할 수 있는가?"**41** 41 《서광》, 124절.

자유의지를 주장하는 사람들, 특히 자유주의자들은 우리의 '행위'가 그것이 초래할 결과에 대한 예측과 평가에서 나온 것이라고, 즉 우리에게 가능한 선택지들 중에서 최선의 결과를 낳을 것으로 믿는 것을 택한다고 말한다. 그들은 행위가 정해지기 전에 '다양한 동기들이 마음속에서 경쟁'한다고 말하지

※　니체의 자유의지 비판은 스피노자의 비판과 상통한다. 스피노자는 《에티카》에서 정신을 통해 정서나 충동을 지배할 수 있다는 생각이 자기 행동의 참다운 원인을 모르는 자가 갖게 되는 환각이라고 비판했다. 그런 견해는 "젖먹이가 자유의지로 젖을 욕구한다고 믿고, 성난 소년이 자유의지에 따라 복수를 원한다고 믿고, 겁쟁이가 자유의지로 도망친다고 믿는" 것만큼이나 어리석다고 했다.**42** 스피노자는 슐러에게 보낸 편지에서도 비슷한 환상을 지적했다. "이해를 위해 하나의 간단한 예를 들어봅시다. 어떤 외적 원인에 의해 어떤 양만큼 운동하도록 된, 그런 충동을 받은 돌멩이를 생각해봅시다. …… 낙하하는 중에 돌멩이는 낙하가 코나투스임을 생각하고 알 것입니다. 돌멩이는 자신의 이 코나투스만을 알기에 …… 확실히 자신이 자유롭다고, 자신이 바로 원하기 때문에 그런 운동을 하고 있는 것이라고 생각할 것입니다."**43**

42 B. Spinoza, 강영계 옮김, 《에티카》, 3부 정리 2의 주석, 서광사, 1990, 136쪽.
43 Letter 58, "To the most learned and wise G. H. Schuller", tr. by S. Shirley, *Spinoza: The Letters*, Hackett Publishing Company, Inc., 1995.

만, 이때 그들이 말하는 '동기들의 경쟁'이란 엄밀히 말해 '동
기들의 경쟁'이 아니라 결과에 대한 예상치들 사이의 경쟁이
다. 그들은 결과들 중 하나가 압도적으로 유리하다고 판단될

44 《서광》, 129절.

때 자기들의 행위가 이루어진다고 생각한다.[44]

그러나 한 행위가 낳을 결과를 계산하는 것은 어렵고(행위와
결과 사이의 복잡성), 또 한 행위의 결과를 그와는 질적으로 다
른 행위가 낳을 결과와 비교하는 것도 불가능하다(질적으로 다
른 것을 비교하는 문제). 그러나 설령 이 두 가지가 가능하다고
해도, 그 행위의 결과를 애초에 행위를 시작한 동기가 원했던
것이라고 단정할 수는 없다. 게다가 하나의 행위에 하나의 동
기가 상응한다고 가정하는 것도 오류이다. 우리의 행위는 그야
말로 온갖 이유에서 일어날 수 있다. "우리가 힘을 사용하는
습관적인 방식이나, 우리가 두려워하거나 존경하거나 사랑하
는 사람에 의한 약간의 자극" 혹은 "손쉬운 것을 택하는 안일
함이나, 결정적인 순간에 직접적이고 가장 사소한 것에 의해
야기된 상상력의 흥분이 작용할" 수 있고, 또 "전혀 예측할 수
없는 방식으로 육체적 변화가 영향을 미치고 기분이나 감정의
분출이 영향을 미칠" 수도 있다. 즉 그런 행위 결과의 상을 원
했던 동기가 그 행위를 낳은 게 아니라 여러 다른 동기들의 투
쟁이 영향을 미칠 수 있다. 게다가 동기들의 '갈등' 내지 '투
쟁'이란 처음에 우리가 생각했던 것, 즉 여러 가지를 비교하고
계산해보는 그런 것이 아니라, 우리가 보지도, 의식하지도 못
하는 그런 것들이다. 그런데도 "우리는 동기들 간의 투쟁을, 상

45 《서광》, 129절.

이한 행위들이 초래할 수 있는 결과들의 비교와 혼동한다."[45]

이처럼 증명되지 않은 여러 가정에 입각한 것임에도 자유의 지론의 위력이 좀처럼 죽지 않는 이유는 무엇일까. 그것은 부자유를 인정하고 싶지 않은 '자존심' 때문일 수도 있지만, 어떤 현실적 필요 때문일 수 있다. 앞서 말한 것처럼 자유의지는 책임 추궁의 문제와 관련이 깊다. 자유롭지 않은 존재에게는 도덕적 책임을 물을 수가 없다.

그런데 니체는 책임 추궁을 위해 자유의지를 전제하는 것의 부당성을 지적하기 위해 '꿈'에 대해 말한다. 그는 자유의지론에 입각해 책임을 추궁하려거든 차라리 '꿈'을 단죄하라고 말한다. "어떤 것도 그대들의 꿈보다 그대들을 잘 나타내주지 못한다! 그대들의 꿈이야말로 그대들의 작품이다! 소재, 형식, 지속의 정도, 배우, 관객까지 이 희극에서는 이 모든 것이 그대들 자신이다."[46] 우리의 행위가 자유의지에서 나온 것이라고 믿는다면, 꿈이야말로 우리가 감독하고 연출한 작품이니 책임을 물어야 하지 않을까. 그러나 우리는 꿈속에서 개별 행위가 아니라 세계 전체를 총체적으로 디자인함에도 그 책임을 지지 않는다. 더욱이 그 꿈의 내용이라는 것이 "두렵고 수치스러운 것"인데도 말이다.

그렇다면 우리는 깨어서 행한 것들에 대해서도 도덕적 책임을 질 수 없는 것 아닐까. 니체는 그것이 오이디푸스의 현명함이었다고 말한다. 오이디푸스는 친부살해든 근친상간이든 자신에게는 아무런 죄도 없음을 분명히 했다(《콜로노스의 오이디푸스》). 그의 행동은 모두 자신의 의지에 따라 수행된 것이 아니었다. 그를 불행한 운명으로 이끈 것은 신들이었다. 그는 자

46 《서광》, 128절.

신이 죄를 '행했다'기보다 '당했다'고 항변했다. 아마도 니체는 이를 염두에 두고 이렇게 말한 것 같다. "현명한 오이디푸스는 옳았다는 것, 즉 우리는 틀림없이 자신의 꿈에는 책임이 없지만 이와 똑같이 우리가 깨어 있을 때 행한 것들에도 책임이 없으며, 자유의지론은 인간의 자존심과 힘의 감정에서 연원했다는 것이다."[47]

47 《서광》, 128절.

우연과 필연—주사위 통을 흔드는 강철 손

인간이 자신의 행동에 대해 자유의지 환상을 갖는 것은 세계에 대해 목적론적 환상을 갖는 것과 통한다. 행동이 하나의 의지에 따라 수행되고 또 그 의지가 원하는 바에 따라 이루어진다고 생각하는 것은, 세계에서 일어나는 일들이 어떤 초월적 의지에 의한 어떤 목적을 위한 것이라고 생각하는 것과 동형적이다. 모든 존재하는 것에는 그것을 창조한 자—무엇보다 인간을 돌보는 자—의 의지가 실려 있고 그에 따라 목적이 부여되어 있다고 믿는 것이다. 그래서 태양은 뭔가를 비추기 위해 존재하고, 눈은 뭔가를 보기 위해, 이빨은 씹기 위해 존재한다는 식의 목적론이 나타난다.

그러나 니체에 따르면 목적은 존재의 발생에 전제된 것이 아니다. 오히려 '우연'이 선행하고 '목적'이 나중에 덧붙여진다. "즉 본다는 것은 눈이 생성된 목적이 아니라, 오히려 '우연'이 눈이라는 기관을 조합해냈을 때 나타난 것이다."[49]

49 《서광》, 122절.

사람들은 오래전부터 세상의 일을 '필연'과 '우연'으로 나누어 설명해왔다. 필연은 목적과 의지의 영역이고 우연은 우리가 도무지 알 수 없는 영역이다. 필연은 '영리한 난쟁이'이고 우연은 '바보 같은 거인'이다. '우리' 영리한 난쟁이들은 의지와 목적을 갖고 세상을 바라보지만, 우연이라는 바보 같고 어리석은 거인에게 부딪혀 쓰러지고 종종 짓밟혀 죽는다. 그러나 아주 오랫동안 사람들은 이 거인, 이 무시무시한 이웃 없이 지내고 싶어하지 않았다. "왜냐하면 목적이라는 거미줄 속의 삶에 대해 우리가 너무 지겹게 느끼거나 너무 불안에 떨 때면 자주 저 괴물들이 찾아와 손으로 그물 전체를 찢어버림으로써 숭고한 기분 전환을 제공하기 때문이다."[50]

50 《서광》, 130절.

앞 장에서 우리는 '목격자'인 신들을 배려하는 그리스인들의 연기력을 보았는데, 이는 우연과 필연에 대한 생각과도 통한다고 할 수 있다. 즉 우연이 없는 필연의 세계, '결정론적 세계'는 그것을 지켜보는 신들을 권태롭게 만들 것이기 때문이다.

천진난만한 그리스인들은 "이 예측 불가능한 영역, 이 숭고하고 영원한 우둔한 영역을 모이라Moira라고 불렀다." 그리고

※   니체가 목적론을 비판하면서 든 예를 우리는 스피노자의 《에티카》에서도 발견한다. "사람들은 일반적으로 모든 자연물이 그들 자신과 마찬가지로 어떤 목적을 위하여 움직인다고 생각하며, 더욱이 그들은 신이 모든 것을 특정한 목적에 따라 이끈다고 확신한다. …… 그들은 자기 성품으로 다른 사람의 성품을 필연적으로 판단한다. 나아가서 그들은 자기들의 이익 획득에 적지 않게 도움이 되는 수많은 수단들, 예컨대 보기 위한 눈, 씹기 위한 이, 영양을 위한 식물과 동물, 비추기 위한 태양, 물고기를 기르기 위한 바다 등을 자신의 안팎에서 고찰하므로, 이로부터 그들은 모든 자연물을 자기들의 이익을 위한 수단으로만 고찰하였다."[48]

48 B. Spinoza, 강영계 옮김, 《에티카》, 1부 부록, 서광사, 1990.

는 "신들이 영향을 미칠 수도 없고 볼 수도 없는 지평선으로서 그것을 신들 주위에 배치했다." 신들도 모이라에서 자유롭지 못하다. 인류 역사에서 꽤나 큰 거인이었던 '그리스인들'은 그렇게 "신들에 저항할 수 있는 최종적 카드를 손안에" 쥐고 있었다. 그리스인들만이 아니었다. 최악의 경우 "신들을 굶어 죽게 할" 수단을 가졌던 인도인이나 페르시아인들("인도인이나 페르시아인들은 신이 인간의 희생에 의존한다고 생각한다. 따라서 인간은 최악의 경우 신을 굶겨 죽일 수 있다"),51 신들에 대한 공포를 '신들의 황혼'에 대한 생각(신들도 늙는다)으로 복수했던 스칸디나비아인들도 세상이 신들의 뜻대로만 되지 않는 어떤 영역을 남겨두었다.

그러나 기독교인들은 난쟁이였다. 그들은 신들에게 저항할 패 하나쯤 감춘 거인이 될 수 없었다. 오히려 기독교에서는 "저 전능한 '어리석음의 영역'이 겉으로 보이는 것처럼 어리석은 것이 아니"라고 말한다. 그 영역의 배후에는 "실로 어둡고 구부러져 있고 기이한 길들을 사랑하지만 궁극적으로는 모든 것을 '훌륭하게 끌고 나오는' 신"이 있으며 그것을 이해하지 못하는 우리야말로 어리석다는 것이다. "신은 목적들과 그물들을 몸소 엮는다. 그런데 이 신은 우리의 지성보다 훨씬 정교하게 목적들과 그물들을 엮기 때문에, 이러한 목적들과 그물들은 우리의 지성으로는 이해될 수 없고 심지어 불합리한 것으로 나타날 수밖에 없었다."52▩▩ 고대인들은 자신의 고귀함을 지키기 위해 신의 한계 영역을 두었으나 기독교에서 그 영역은 인간의 한계 내지 어리석음을 나타내는 것이 되고 말았다.

51 《서광》, 130절.

52 《서광》, 130절.

니체는 '숨은 신', 다시 말해 우리는 모르지만 이 세계에 필연의 목적을 부과한 신에 대한 믿음을 흔들 기회가 근대에 나타났다고 말한다. 근대 들어 "지붕에서 떨어지는 벽돌이 정말로 '신의 사랑'에 의해 던져진 것인지에 대한 불신이 커"졌다.

그런데 '지붕에서 떨어지는 벽돌'이란 무엇인가. 그것은 왜 신에 대한 불신을 낳는가. 우리는 그 내막을 스피노자에게서 들을 수 있다. 스피노자는 '신'을 '무지로의 도피처'로 만드는 사람들을 조롱하기 위해 이 이야기를 꺼낸 바 있다.*** 길을 걷는데 지붕에서 벽돌이 떨어졌다. 벽돌은 왜 그때 거기서 떨어졌을까. 바람이 불었기 때문이다. 바람은 왜 그때 거기서 불

*** 물론 기독교의 이러한 추론에는 근본적 불합리가 놓여 있다. 왜냐하면 우리의 지성이 신의 지성과 목적들을 헤아릴 수 없다면, 우리는 신의 지성이 갖는 이러한 성질도 알 수 없기 때문이다.[53]

*** 스피노자의 다음 언급을 참조하라. "사물의 목적성에 관한 설명에서 자기들의 재능을 과시하려 했던 이 이론의 신봉자들(목적론자들)은 이 이론을 확증하기 위하여 새로운 증명 방식을 제기했다. 이것은 불가능한 것으로의 환원이 아니라 무지로의 환원이다. …… 예컨대 만일 지붕 위의 돌이 머리에 떨어져 어떤 사람이 죽었다면, 그들은 돌이 그를 죽이기 위해서 떨어졌다고 여기고 다음과 같이 증명할 것이다. 만일 돌이 신의 의지에 따라서 그러한 목적을 위하여 떨어진 것이 아니라면, 어떻게 그렇게 많은 사정이(실제로 많은 사정이 동시에 일어나곤 하기에) 우연히 일치할 수 있는가? 바람이 불었기 때문에, 그리고 그 사람이 그곳을 지나갔기 때문에 그렇게 되었다고 대답한다면 그들은 다음처럼 반박할 것이다. 왜 바람이 바로 그때 불었는가? 왜 그 사람은 바로 그때 그곳을 지나갔는가? 만일 이에 대하여, 전날까지도 날씨가 좋았지만 갑자기 날씨가 거칠어지고 그때 바람이 불었으며 그 사람은 친구의 초대를 받았다고 답한다면, 물음은 끝이 없기에, 그들은 다음처럼 반박하려 들 것이다. 왜 바다가 거칠어졌는가? 그 사람은 왜 그때 초대를 받았는가? 이처럼 그들은 계속하여 원인의 원인을 물어서 마침내는 신의 의지, 즉 무지의 피난처에 도피할 때까지 그렇게 끊임없이 물을 것이다."[54]

53 《서광》, 130절.

54 B. Spinoza, 강영계 옮김, 《에티카》, 1부 부록, 서광사, 1990.

었을까. 바다가 거칠어졌기 때문이다. 왜 바다는 그때 거칠어졌을까. 우리는 원인을 말할 수 없을 때까지, 다시 말해 원인에 대한 무지를 고백하고 더 이상 물을 필요가 없는 원인으로서 신을 발견할 때까지 계속해서 물을 것이다. 결국 우리는 우리가 무지하고 무능한 최종 장소에서 신을 발견하는 셈이다. 그러나 그렇게 되면 '신'이란 우리의 무지가 숨는 곳, 즉 우리 '무지의 피난처'가 되는 것이다. 그리고 이는 달리 생각하면, '신'이라는 존재가 결국 우리의 무지와 무능력의 산물이라는 뜻이기도 하다.

니체는 '지붕에서 떨어지는 벽돌'을 '신의 사랑'과 연관 짓는 것이 무리라는 생각이 들 때가 뭔가를 깨달을 기회라고 말한다.[55] 목적과 이성이 미치지 못한 영역만을 '우연'이라고 말하는 데서 한 발 더 나아가자. 혹시 목적이나 이성 자체에도 '우연'이 개입하고 있는 것은 아닐까. "의지와 목적이란 없는 것이며 그것들은 우리가 상상해낸 것"이 아닐까. 니체는 이렇게 말한다. "우연의 주사위 통을 흔드는 필연성의 저 철로 된 손이 무한한 시간에 걸쳐 주사위 놀이를 한다." 즉 필연의 손은 우연의 주사위로 놀고 있다. 물론 우리에게는 매번 나온 주사위 눈이 "모든 면에서 완벽하게 합목적적이고 합리적"으로 보일 것이다. 우리의 이해는 너무 협소한 반면 허영심은 너무 크기 때문이다.

주사위 놀이는 하늘로 올라갈 때의 '우연'과 땅에 떨어질 때의 '필연'으로 구성되어 있다. '우연'과 '필연'은 모두 긍정된다. 그러나 그보다 우선하는 하나의 긍정이 있다. 그것은 '거대한 우연'[56]으로서 세상을 긍정하는 것이다. 다시 말해 세상은 어떤 목적의 지배도 받지 않으며 그 자체로 무구하다는innocent 사실을 긍정하는 것이다. 우리가 읽어낸 '필연'이란 이 '거대한 우연'이 만든 하나의 '조합'이라 할 수 있다. 주사위 놀이를 배운다는 것은 그래서 '세계의 가장 오랜 귀족'〔우연〕[57]을 긍정하는 법을 배우는 것이다. 세계에 대한 개개의 해석을 긍정하지만 그것은 항상 다양한 해석을 가능케 하는 세계에 대한 긍정을 통해서이다.

"아마 우리의 의지작용, 우리의 목적이란 이러한 주사위 던지기에 다름 아닐 것이다." 그러나 우리는 이 '아마'Vielleicht라는 말, '개연성'을 지칭하는 이 말조차 넘어서야 하는 건 아닐까. 즉 세계의 '우연'을 절대적으로 긍정해야 하는 건 아닐까. 그러기 위해서는 지하세계Unterwelt에서 이미 주사위 놀이를 배웠어야 한다. 즉 근거 아래 '근거 없음'의 세계를 이미 체험했어야 한다(그러기 전에는 '목적 이전의 세계', '목적 없는 세계'에 대한 확신을 갖지 못할 것이다).

나는 니체가 130절 마지막에 붙여놓은 '페르세포네의 탁자' Tische der Persephone에서 벌이는 주사위 놀이를 그렇게 읽었다. "아마! 이 '아마'를 넘어서기 위해 사람들은 지하세계에서, 그리고 모든 표면적인 것들〔피상적인 것들Oberflächen〕 너머에서 이미 손님이 되었어야만 할 것이다. 그리고 페르세포네의 탁자에서 그녀와 주사위를 던지며 내기를 했어야만 할 것이다."[58]

페르세포네는 대지의 여신 데메테르의 딸이다. 신화에 따르면 페르세포네는 지하의 신 하데스에게 납치되어 그의 신부가

56 《차라투스트라는 이렇게 말했다》, 꿀 봉납.

57 《차라투스트라는 이렇게 말했다》, 해 뜨기 전.

58 《서광》, 130절.

된다. 딸을 잃은 대지의 여신 데메테르는 슬픔에 빠지고, 그 슬픔 때문에 대지의 생명은 모두 말라죽는다. 그것을 본 제우스는 헤르메스를 보내 하데스를 설득해 페르세포네를 데메테르에게 돌려보내게 한다. 하데스는 페르세포네를 돌려보내기 전에 주술이 걸린 석류 열매를 먹게 하는데, 그 때문에 그녀는 1년 중 3분의 1은 지하세계에서 지내야 했다. 페르세포네가 지상에 머무는 시간 동안 데메테르는 기뻐하고 대지의 생명은 번성한다. 그러나 그녀가 지하에 머무는 시간〔겨울〕 동안에는 대지의 생명이 죽음을 맞는다. 그리고 이 생명과 죽음의 사이클은 계속된다.

생각해보면, 이것이 바로 생명의 흐름이고 세계의 무구한 운동이다. 페르세포네가 지상과 지하를 오가고, 생명과 죽음의 세계를 오가는 것 말이다. 생명은 죽음과 대립하지 않으며 오히려 죽음을 포함한다. 이 운동에는 어떤 목적도 없기에 당연히 위반도 없고 죄도 없다. 그것은 하나의 무구한 흐름일 뿐이다.

재미 삼아 '말놀이'를 해보자면, '페르세포네'Persephone라는 말은 근대 철학자들이 실체substance, 즉 세계〔자연〕 자체의 '자기원인적' 성격을 지칭하는 말인 'per se'와 '목소리'를 뜻하는 'phone'로 이루어져 있다. 말하자면 '페르세포네'는 '세계 자체의 목소리'인 셈이다. 그렇다면 그녀와 주사위 놀이를 벌인다는 것은 이처럼 '세계의 목소리'를 듣는 것, 세계의 무구함에 대해 배우는 일이 아닐까(물론 'per se'는 라틴어이고 'phone'는 그리스어이므로 이런 분해는 부당한 것이다).

4

동정을 경계하라

다시 우리는 도덕의 문제로 돌아간다. 무엇보다도 근대 도덕의
핵심에 위치한 '동정'Mitleid, 즉 '타인의 고통을 함께 느끼는
것'Mit-leid에 대한 니체의 비판으로 돌아간다. 동정은 니체가 가
장 자주 비판하는 도덕이자 인간의 '자기극복'에 최대 장애물
이다.《차라투스트라》에서 동정은 '신의 죽음'의 비밀이고(신은
인간에 대한 동정(연민)으로 죽는다), 위버멘쉬로 전환하는 데 마
지막 장애물이다. 그렇다면 동정, "타인을 위해 생각하고 타인
을 위해 사는 것", "타인의 고통을 함께 느끼는 것"이 왜 문제
인가. 그것은 고상한 도덕이 아닌가. 물론 "절대적인 도덕이라
는 것은 없으므로" "도덕에 있어 '보다 높음'과 '보다 낮음'을
도덕적 척도에 따라 재는 일은 불가하다."⁵⁹ 하지만 그런 수준
을 넘어 니체가 동정을 '나쁜' 도덕으로 공격하는 것은 왜인가.

59 《서광》, 139절.

왜 우리 시대에는 고상한 행위로 평가받는 동정이 문제인가. 다시 우리의 천진난만한 고대인들을 참조해보자. 왜 고대인들, 가령 에픽테토스Epiktetos 같은 이들은 타인들에게 동정을 느끼는 것에 전력을 다해 저항했을까.[60] "동정적 인간은 스토아적 무심함을 고통으로 느끼지만(못 견디지만) 이들은 거꾸로 '연약한 마음 상태'를 고통으로 느낀다."[61] 스토아주의자들의 다정한 무관심! 그들은 왜 동정에 사로잡히지 않으려고 노력했을까.

일단 동정[연민]은 그 자체로 '고통의 감정'이자 '고통을 낳는 감정'이기 때문이다. 동정에 사로잡히는 것은 우리 자신을 해치는 일이다. 한 달만 동정심에 빠져 있어보라. 아마 당신은 생리적으로 파멸할 것이다. 니체에 따르면 동정은 자신의 건강을 해치는 것, 생리적으로 털어냈어야 할 것에 대한 애착과 같다.[62] "시험 삼아 한번 실제의 생활 속에서 동정심을 일으키는 계기들을 한동안 의도적으로 뒤쫓아보고 자신의 환경에서 마주칠 수 있는 모든 비참을 항상 마음에 그려보라. 그런 사람은 반드시 병들고 우울해질 것이다."[63] 게다가 동정의 철학이 전제하고 있는 생각은 매우 위험하다. 그것은 "타인의 체험을 자기 것인 양 보고 받아들이라는 것이다." 그러나 자신의 체험을 항상 타인의 체험으로 대체하는 사람이 있다면 그는 곧 파멸하게 될 것이다.[64]

60 《서광》, 131절.

61 《서광》, 133절.

62 《안티크리스트》, 7절.

63 《서광》, 134절.

64 《서광》, 137절.

다정한 무관심

동정은 또한 동정을 하는 사람만이 아니라 동정을 받는 이를 불행하게 만든다. 동정을 구걸하는 이는 무언가를 포기하면서 그것을 얻는다. 바로 타인과 자신이 동등하다는 긍지를 포기한다. "동정을 받는다는 생각은 야만인들에게는 도덕적 전율을 일으켰다. 동정을 받을 경우 사람들은 모든 덕을 완전히 상실하는 것으로 간주한다. 동정을 베푸는 것은 경멸과 같은 것을 의미한다. 경멸할 만한 인간이 괴로워하는 것을 그들은 보고 싶어하지 않는다. …… 이에 반해 어떤 적이 자신과 동등하게 긍지를 포기하지 않으며 동정을 받는 것을 가장 치욕적이고 가장 심한 굴욕으로 간주하면서 (동정을) 거부한다면, 그런 적이 괴로워하는 것을 보는 것은 최고의 즐거움이다. 이때 야만인의 마음은 경탄으로까지 고양된다. 그는 결국 그가 손아귀에 쥐고 있는 그러한 용감한 사람을 죽여버리고 (그 대신) 그 불굴의 인간에게 최후의 명예를 부여한다." 이와 반대로 스스로를 경멸하며 동정을 구하는 이가 있다면 그는 "개처럼 살아가는 것이 허용"될 것이다.[65]

동정의 종교인 기독교 역시 본래는 '자선'이나 '박애' 같은 것을 근본 교리로 삼지 않았다. 굳이 말하자면 기독교에서는 "개인의 영원한 구원의 절대적 중요성에 대한 근본적인 믿음, 다시 말해 (동정과는) 정반대로 철저히 이기적이고 근본적인 믿음"이 일차적이었다. 그러나 이런 믿음이 "그것의 근거가 된 교리들과 함께 점차 후퇴함에 따라 '사랑'과 '이웃 사랑'에 대

[65] 《서광》, 135절.

언더그라운드 니체

한 부수적 신앙이 교회의 거대한 자선 행위와 함께 전면에 대두"했고 그렇게 만들어진 "기독교적 분위기의 잔재"가 동정이라고 할 수 있다.[66] '기독교를 초기독교로 만들어준' 이런 잔재는 콩트 식 도덕은 물론이고 사회주의를 포함해 근대 사회 전체의 도덕적 근간으로 자리 잡았다.[67]

그러나 '동정'을 비판했다고 해서 니체가 고통받는 타인을 외면하라고 말한 것은 아니다. 불행히도 우리의 언어는 "조야하게 하나의 단어를 사용해 다음多品적 존재를 파악"한다.[68] 고통받는 타인에게 개입하고 그들과 연대하는 것은 다양한 동기에서 다양한 방식으로 이루어질 수 있으나 우리는 '동정'이라는 하나의 단어로, 그것도 매우 유약하고 자기파괴적인 단어로 뭉뚱그린다. 니체는 우리가 '동정'이라고 쉽게 불러버리는 행위들 사이에 다양한 결이 있으며 그것들이 전혀 다르게 감각되어야 한다고 말한다.

누군가 물에 빠졌을 때, 누군가 피를 토할 때, 우리가 그에게 뛰어가는 것은 과연 동정 때문일까? 우리가 '동정'이라고 말하는 다양한 사례는 언뜻 '우리 자신을 의식적으로는 생각지 않는 것'처럼 보인다. 그러나 반대로 자신을 지극히 강하게 생각하기에(그것이 무의식적일 수 있지만) 우리는 그렇게 행동하는 것일 수도 있다. "다른 사람들의 불행은 우리에게 모욕감을 준다. 우리가 그를 이러한 불행에서 벗어나게 할 수 없다면" 우리는 그 순간 "우리 자신의 무력함과 비겁함을 깨닫게 된다." "또 타인의 불행은 이미 그 자체로 타인에 대한 혹은 우리 자신에 대한 명예를 감소시키는 동기가 된다. 또는 타인의 불행과 고통은 우리도 겪을 수 있는 위험을 가리킨다. 또 인간의 위험한 처지와 연약함을 가리키는 징표만으로도 그것은 우리에게 고통을 느끼게 한다." 즉 우리는 타인이 우리 앞에서 겪게 되는 고통이 주는 우리 자신에 대한 무력감 내지 모욕에 대해 타인을 돕는 행위를 통해 복수하는 것이다.[69]

69 《서광》, 133절.

당연한 말이지만 타인의 고통은 우리 고통과 질적으로 다른 것이며 "그의 고통이 그에게 고유한 것처럼 우리 고통은 우리에게 고유한 것이다"(만약 우리가 타인과 똑같은 고통을 느낄 수 있다면 우리는 아마 살아남을 수 없을 것이다). 그러므로 결국 '동정'이라고 부르는 행위로 (니체는 우리의 습관을 따라 불가피하게 이 말을 쓴다고 했다) 우리가 우리 자신한테서 제거하는 것은 우리 자신의 고통뿐이다.[70]

70 《서광》, 133절.

물론 '고통의 제거' 역시 동정이라 불리는 행위를 하게 만드는 하나의 작은 동기일 뿐이다. 동정적 행위에 개입하는 동기들, 그 배후 충동들은 훨씬 복잡할 수 있다. 우리는 고통이 아니라 어떤 쾌락의 충동에 의해 그런 행동을 할 수도 있다. 우리는 저런 처지에 처해 있지 않다는 것을 느낄 때, 또 우리는 원하기만 하면 도와줄 수도 있다는 생각을 할 때, 또 우리가 도와줄 경우 찬양과 감사를 받게 될 것이라고 생각할 때, 도와주는 행동이 성공을 거두어 돕는 사람에게 뿌듯함을 줄 때, 특히 우리 행동이 우리를 화나게 하는 어떤 불의를 누르거나 제거한다는 느낌이 들 때도 그런 행동을 할 수 있다. 이보다 "훨씬 더 정교한 것까지 포함해 이 모든 것이 '동정'이다."[71]

71 《서광》, 133절.

타인의 눈치를 보는 시대

어쩌면 동정이 이토록 지배적 도덕이 된 것은 우리 시대가 이웃의 눈치를 보며 살아야 하는 시대이기 때문인지도 모른다. "아주 많은 경우 우리는 이웃들에게 멋대로 머리채를 잡힌 채 질질 끌려다닌다."[72] 하지만 우리는 어떻게 타인의 감정을 모방한다고, 심지어 내가 바로 그의 감정을 느낀다고 생각할 수 있을까. 우리는 타인을 이해하기 위해 일정한 감정의 원인을 추적해 그것을 우리 안에 재현함으로써 그런 감정을 가질 수 있다. 그러나 "더 일반적으로는 그렇게 하지 않고(감정의 원인을 재현하는 것이 아니고) 이 감정으로 인해 타인한테서 일어나고 나타나는 결과들에 따라 이 감정을 갖게 되는 것이다. 즉 우리는 타인의 눈, 타인의 소리, 타인의 발걸음, 타인의 태도를(혹은 말, 회화, 음악을 통한 그것들의 모방마저) 우리 신체에서 재현함으로써 …… 이 감정을 갖게 되는 것이다"(앞 장에서 본 예를 따르면, 마치 아이들이 어른들의 정서를 모방하며 도덕적 감각을 전수받듯이). "이는 앞뒤로 달리도록 훈련된 감각과 운동 사이의 오래된 연상작용의 결과이다."[73] 즉 어떤 운동과 어떤 감각 내지 감정이 상응하는 오랜 습관 때문에 하나의 결과물을 모방하면 자연스레 감정이 따라 나오는 것이다.

이를 아주 잘 보여주는 예가 음악이다. 음악은 "우리가 감정을 빠르면서도 섬세하게 헤아리고 공감하는 점에서 얼마나 대가인지를 가장 분명하게 보여준다." "음악은 감정의 모방에 대한 모방이고 이러한 거리와 막연함에도 불구하고 우리로 하여

72 《서광》, 140절.

73 《서광》, 142절.

금 이러한 감정에 참여하게 한다." "우리는 슬퍼할 이유가 전혀 없지만, 단순히 슬퍼하는 사람들의 목소리나 움직임 혹은 나아가 그 사람들의 습관을 상기시키는 음향이나 리듬을 듣는 것만으로도 완전히 바보가 된 것처럼 슬퍼하게 된다." "어떤 덴마크 국왕이 어떤 가수의 음악을 듣다가 전투적 열광에 사로잡힌 채 뛰어올라 그 자리에 모여 있던 대신 다섯을 죽였다는 이야기가 있다. 이 경우 어떤 전쟁도 없었고 적도 없었으며 오히려 그 반대였다."

우리는 왜 이렇게 타인의 감정을 모방하는 데 숙달되었을까. 그것은 앞서 말한 것처럼 우리 시대가 '타인의 눈치'를 봐야 하는 시대라서, 무리 속에서만, 통계적 평균인 뒤에서만, 혹은 '세인' 뒤에서만 안도감을 느낄 수 있는 시대라서 그런지 모른다. 아니면 종種적 특성으로서 인간이 갖고 있는 '겁 많음' 때문일 수도 있다. "다음과 같은 답변은 의심의 여지가 없다. 섬세하고 연약한 본성 때문에 모든 피조물 중에서 가장 겁 많은 피조물인 인간에게 공포심이야말로 공감을 가르치는 선생이며 타인(동물까지 포함해)의 감정을 재빨리 이해하는 것을 가르치는 선생이다."[75] 그러니까 이웃에 대한 동정의 밑바닥에는 이웃에 대한 공포가 들어 있는지도 모른다.

75 《서광》, 142절.

※　　우리는 여기서 다시 한 번 스피노자를 떠올리게 된다. 신체 구조와 변용의 유사성에서 기인하는 '정서적 모방'affectum imitatio.[74]

74 B. Spinoza, 강영계 옮김, 《에티카》, 3부 정리 27의 주석, 서광사, 1990.

5

다르게 감각하라

타인의 고통을 나도 느낀다는 것. 그것은 논리적으로도 불가능하지만 생리적으로도 불가능하다. "타인에 대한 애착과 배려의 충동(동정심)이 지금보다 두 배로 강하게 되었을 때를 가정해보라."[76] 그렇지 않은 지금도 매일 매시간 사람들은 자기에 대한 애착과 배려 때문에 큰 어리석음을 범하는데, 자신만을 괴롭히던 어리석음이 다른 이들에게까지 연동된다면 어찌 되겠는가.[77]

니체는 우리에게, 꽤나 위험해 보이는(!) '이웃 사랑'을, 다시 가르친다. '이웃도 넘어서'라는 제목을 가진 146절을 읽으려면 우리는 영리하기보다 용감해야 할 것 같다. 니체는 이렇게 말한다. 우리의 행동이 타인에게 초래할 "가장 가깝고 가장 직접적인 결과"만을 의식해서 우리 행동을 자제하는 것은 소

76 《서광》, 143절.

77 《서광》, 143절.

시민적 덕목은 될 수 있어도 이웃에 대한 배려는 될 수 없다고. "우리는 우리가 우리 자신을 취급하듯 이웃을 취급해서는 안 되는 것일까?" 우리가 자신을 단련시키기 위해 병약한 부분을 과감하게 털어내듯이 이웃에게도 그것을 요구해서는 안 될까. "우리 자신과 관련해서는 직접적인 결과와 고통에 대해 그렇게 좁고 소시민적으로 생각하지 않으면서"(다시 말해 우리는 단련을 위해 당장의 고통을 감내할 의지를 가지면서) "왜 이웃에 대해서는 그렇게 (소시민적으로) 생각해야 하는 것인가?"

아마도 니체가 "친구와는 전쟁을 불사해야 한다"[78]고 말하거나, 디오게네스의 입을 빌려 "세상의 어느 누구 하나 아프게 하지 않으면서 어떻게 위대한 철학을 할 수 있는가"라고 물을 때, 그는 우리에게 '이웃에 대한 사랑'을 가르치는 것 같다. "우리는 이웃에게, 그가 그것(미래 세대를 위한 옥토)을 위해 자신을 희생해야 한다고 느낄 수 있는 그런 신념을 전한다. 우리는 어떤 과제의 구현을 위해 이웃을 이용하면서 이웃으로 하여금 그러한 과제를 떠맡도록 설득한다. …… 우리는 우리와 이웃이 함께 희생함으로써※ 인간의 힘에 대한 일반적 감정을 강화하고 한층 더 고양할 것이다."[80] 우리가 우리 자신을 가장 사랑하는 방식이 '자기극복'이라면, 이웃에 대한 우리의 사랑에서

78 《차라투스트라는 이렇게 말했다》, 벗에 대하여.

80 《서광》, 146절.

※　우리가 '자기극복'과 '자기상실'을 혼동할 때 '타인의 희생'은 매우 위험한 말이 될 수 있다. 대중이 '자기상실' 속에서, 다시 말해 자신들을 '흥분시키는 술'(선동가)을 마시고 도취에 빠졌을 때,[79] 대중을 죽음의 선으로 몰아가는 나치즘 같은 것이 등장한다.

79 《서광》, 188절.

도 동일한 요구가 나온다는 것이다. 니체는 이웃에게도 자기 극복을 요구한다. 그것이 그의 이웃 사랑이다.

지금까지 살펴본 바에 따르면, 니체는 단순히 '부도덕'을 찬양한 궤변론자가 아니다. 니체의 급진성은 단순히 도덕에 대한 전면적 거부에 있다기보다는 도덕을 완전히 달리 느끼게 하는 감각에 있는 것 같다. 니체는 말했다. 우리가 내리는 도덕적 판단의 근거는 근거가 없는 것이라고. 그런데도 우리는 거기에 기초해 도덕적 판단을 하고 있다고. 그러나 도덕적 행위의 근거 없음 내지 오류를 지적했다 해도 니체가 부도덕한 행동을 우리에게 촉구한 것은 아니다. 그는 우리에게 다만 다른 감각, 다른 가치평가를 바라는 것이다. 다음 아포리즘으로 이 장을 마무리할까 한다.

나는 연금술을 부정하듯 윤리를 부정한다. 즉 나는 그것들의 전제를 부정한다. 그러나 나는 이 전제들을 믿고 그것들에 따라 행동했던 연금술사들이 있었다는 사실을 부정하지는 않는다. 나는 비윤리도 부정한다. 무수한 사람들이 자신을 비윤리적이라고 느끼고 있다는 사실을 부정하는 것이 아니라 그렇게 느껴야 하는 근거가 진리에 있다는 사실을 부정한다. 내가 바보가 아니라면 내가 다음과 같은 사실을 부정하지 않는다는 것은 자명하다. 비윤리적이라고 불리는 많은 행위들은 피해야 하고 극복해야 하며, 윤리적이라고 불리는 많은 행위들은 행해야 하고 장려해야 한다. 그러나 나는 전자도 후자도 이제까지와는 다른 근거들에 의해 행해져야 한다고 생각한다. 우리는 다르게 배워야 한다. 아마 상당히 오랜 시간이 지난 후가 될지도 모르지만, 마침내 더 많은 것에 도달하기 위해, 즉 다르게 느끼기 위해.[81]

81 《서광》, 103절.

제 4 장

탈주함으로써 도래하는 것

즐거움과 자유 사이에는 모순이 없다. 즐거움과 예속 사이에도 모순이 없다. 그러므로 자유인도 노예도 모순 없이 즐겁게 살 수 있다. 다만 한 인간은 다른 인간의 세계에서는 숨을 쉴 수가 없다. '성공한 노예'가 되었을 때 노예가 느끼는 환희를 자유인은 견딜 수 없는 치욕으로 느낀다. 그들은 마주 보면서도 다른 세계에 속하는 것이다. 두 개의 길, 즐거움은 어디에도 있다. 당신은 어디서 환희를 느끼고 어디서 비참을 느끼는가. 도대체 당신은 누구인가.

I

이상한 근대인, 낯선 그리스인

이제부터 우리가 다룰 《서광》 제3권은 근대의 정치와 사회, 문화에 대한 니체의 비판을 담고 있다. 니체가 보기에 근대인들은 거짓과 허영에 차 있지만 두려움에 떠는 소심한 존재이다. 또한 매우 빨리 굴러가는 시스템에 적응하면서 닳아 없어지는 인간형이기도 하다. 니체는 이러한 근대적 인간이 갖는 특징을, 근대인에게는 매우 낯선 '그리스적인 것'과의 대비 속에서 포착하고 있다.

헛된 맹세

처음 몇 편의 아포리즘은 근대인의 '거짓 맹세'에 대해 다루고 있다. 맹세가 갖는 '거짓'이라는 성격은 사실에 부합하지 않는 말을 했다는 데 있다기보다는 맹세한 말이 행동과 결부되지 않는다는 데 있다. 그래서 "사회적 관습과 관련해 자신의 훌륭한 통찰에 반해 행동"하기도 하고, "정신적 자유는 온전히 보전하면서도 실행에서는 관습에 굴복"하기도 한다. 스스로 "관습에서 이탈하는 의견을 가졌으면서"도 "모든 사람들에게 점잖게 행동하고 친절을" 다한다. 그의 생각은 그의 삶이 아니라 그가 그냥 골라잡은 의견인 것처럼 보인다. "어떤 사람은 자식으로 하여금 교회에서 세례를 받게 하면서도 무신론자이고, 어떤 사람은 민족들 간의 증오를 극렬히 비난하면서도 모든 세상 사람들과 똑같이 병역의 의무를 다한다."[1]

1 《서광》, 149절.

근대인이 행하는 맹세에는 수행적 구속성이 없으므로 심지어 '신을 증인으로 내세워도' 맹세하는 데 아무런 부담이 없다. 성경에서 경고한 '신의 이름을 망령되게 부르지 말라'는 건 어쩌면 근대인에게 적절한 경고인지도 모르겠다.[2] 맹세를 보증할 신은, '신을 믿지 않지만 교회에 가서 결혼을 서약하는' 의례를 그저 관습으로 행하는 이들에게는 아무런 의미가 없다.

2 《서광》, 152절.

근대인의 맹세는 고대 그리스인이 '제우스'나 '아폴론' 신을 증인으로 끌어들이고 하는 맹세와는 다른 것이다. 이를테면 델포이 신전에 새겨져 있다는 세 개의 격언은 한결같이 고대인들이 말과 행동에서 얼마나 신중했는지를 보여준다.[※] 그 세 개의

3 M. Foucault, 심세광 옮김, 《주체의 해석학》, 동문선, 2007, 42쪽.

※ 델포이 신전의 돌에 새겨진 세 격언의 간략한 의미에 대해서는 미셸 푸코의 콜레주 드 프랑스 강의(1981~1982)를 참조했다.[3]

격언이란 다음과 같다. '도를 넘지 말라'(너무 나가지 말라), '너 자신을 알라', '맹세하는 것과 화를 입는 것은 가깝다'(지불하지 못할 것을 약속하지 말고 지키지 못할 것을 맹세하지 말라). 이 격언들이 전체적으로 말하는 바는 신에 대한 물음이나 신 앞의 맹세에 신중해야 한다는 점이다.

고대인들에게 '강하다'는 것은 자기 말에 책임을 지는 것이다. 그들은 신 앞에서 그것을 맹세한다. 그러나 어찌 보면 그것은 신에 대한 믿음이 아니라 자기 자신에 대한 믿음에서 하는 말이다. 니체가 《도덕의 계보》에서 말한 강자, 즉 '주권적 개인'의 '약속할 수 있는 능력'이 바로 이런 것이다.[4] 그들은 말을 헛되이 주지 않는다. 그들은 말을 책임질 만큼 강하다.

강자의 말과 약자의 말의 가장 큰 차이는 진실함에 있다. 여기서 진실하다는 것은 '사실에 부합하는 말'을 한다는 게 아니라 '자신에 부합하는 말'을 한다는 뜻이다. 진실하지 않다는 것은 자신의 말이 아닌 말, 자신이 책임지지 않을 말을 하는 것이다. 근대의 '냉소주의'를 비판하고 그것을 고대의 '견유주의'와 대비했던 페터 슬로터다이크 Peter Sloterdijk는 "우리는 계몽되었고 우리는 무감각해졌다"고 했다.[5] 근대 계몽주의 이후 '삶'과 '앎'은 분리되었기에(그리고 그 분리가 가속화될수록), 앎의 확장은 삶을 더 흥분시키지 않는다. 냉소주의는, 알지만 그렇게 살지 않고, 말하지만 그렇게 행동할 필요가 없는, 앎과 삶, 말과

4 《도덕의 계보》 II, 1절.

5 P. Sloterdijk, 이진우·박미애 옮김, 《인간농장을 위한 규칙》, 한길사, 2004, 21쪽.

6 이진우·박미애 옮김, 에코리브르, 2005.

※ 근대 지식의 냉소성에 대해서는 같은 저자의 《냉소주의 이성 비판》[6]도 참조.

행동이 분리된 근대의 부조리를 보여주는 현상이라고 할 수 있다. 그래서 근대인은 비판할 때는 물론이고 거짓을 말할 때조차 그렇게 위험한 존재들이 못 된다. 그것은 그저 말일 뿐이기 때문이다.

'약속한 것을 지키지 않는 것'의 이면은 '약속할 수 없는 것을 쉽게 약속하는 것'이다. 앞서 니체는 결혼에 대해 "정열의 본질을 거슬러서 정열이 지속될 수 있다는 믿음과 정열을 지속해야 한다는 책임을 인정하는 제도"라고 부른 적이 있다.[7] 그는 '돌발적이고 일회적인 약속'에서 '영원한 의무'를 창출해낸 것의 부당함을 지적했다. 우리는 사랑을 통해 결혼에 이르고 거기서 다시 '영원한 사랑'을 맹세하지만 그것은 우리를 사랑에 빠뜨린 '정열'의 본질에 반하는 맹세이다. 정열이란 애초에 확 타오르다 그냥 꺼져버리기도 하는 것 아닌가. 우리는 여기서도 맹세를 쉽게 한다. 그러고는 대개 '공주'와 '왕자'의 동화가 그렇듯 '결혼'으로 이야기를 끝내고 만다. 아마도 증인으로서, 목격자로서 신은 이렇게 말할지 모른다. "인류한테서는 아무것도 나올 수 없다. 개인들은 낭비된다. 우연한 결혼은 인간 이성의 위대한 진보를 불가능하게 한다."[8] '불임인 사랑'으로서, '사랑의 종결'로서 '결혼'에 대한 비판은, 언젠가 니체가 바그너의 〈방랑하는 네덜란드인〉이라는 작품을 맹비난했을 때를 떠올리게 한다. "한 여자가 숭배하며 안주시키는 '영원한 유대인'은 어떻게 됩니까? 그는 단지 영원하기를 멈추었을 따름입니다."[9]

맹세의 말을 쉽게 던져서는 안 된다. "사랑에 빠진 상태에서

7 《서광》, 27절.

8 《서광》, 150절.

9 《바그너의 경우》 Der Fall Wagner, 3절.

자신의 삶에 대해 결단을 내리거나 자신이 현재 유지하는 교제의 성격을 극심한 변덕 때문에 단번에 확정해서는 안 된다."[10] 만남과 결혼이 자신들의 위대한 미래를 낳을 수 있을 때만, 그것을 시도하겠다는 의지와 용기 속에서만, 그들의 '아이'는 '희생양'이 아니라 '위대한 사랑'의 결실이 될 수 있을 것이다. 그때만 인간은 결혼을 통해 자신을 고양시킬 수 있을 것이다.

10 《서광》, 151절.

잡식성 동물

근대인들이 떠벌이는 말들을 벗겨내고 나면 그들의 몸뚱이는 보잘것없다. 애초에 그의 말은 그의 살과 피에서 나온 것이 아니기 때문이다. 《차라투스트라》에서 니체는 근대 교양인의 모습을 이렇게 그렸다. "나 웃지 않을 수 없었으니. 지금까지 그토록 알록달록한 점박이를 본 적이 없었던 것이다! 발이 떨리고 가슴까지 두근거렸지만 나는 웃고 또 웃었다. '이곳이야말로 온갖 물감 통의 본바닥이구나!' 나는 이렇게 말했다. …… 지난날의 기호로 가득 쓰이고, 그것들을 새로운 기호로 덧칠한 채. 이렇게 너희는 기호를 해독해내는 사람들로부터 너희 자신을 잘도 숨겨왔다! …… 너희가 쓰고 있는 베일을 뚫고 온갖 시대와 민족이 다채롭게 내다보고 있구나. 온갖 습속과 신앙이 너희 자태 속에서 다채롭게 지껄여대고 있는 것이다. 너희 가운데 누군가가 자신의 베일과 덧옷, 분칠과 거동을 벗어버린다면, 남는 것이란 겨우 새들이나 놀라게 할 정도의 것에 지나지

11 《차라투스트라는 이렇
게 말했다》, 교양의 나라에
대하여.

않으리라. 나 자신으로 말하자면, 진정, 일찍이 핏기 가신 너희의 알몸에 기겁을 하고 놀란 새다."[11]

근대인의 말과 지식은 근대인의 능력을 표현한다기보다 무능력을 위장하고 감추는 덮개 역할을 한다. 사실 "인간에 대한 지식이라는 측면에서는 우리가 그들(그리스인들)을 훨씬 능가"한다.[12] 우리는 아름다움 역시 "팽창되고 거대하고 신경질적인 것으로 형상화"한다.[13] 그러나 그리스인들은 아름다움을 위해 뭔가를 부풀릴 필요가 없었다. 그들은 아주 작은 양으로도 숭고한 것을 표현했고 자신에 대해서도 단순한 관념을 가졌다. 근대인들의 영혼이 그 방대한 지식만큼이나 '미로처럼' 복잡하다면,[14] 그리스인들의 영혼은 단순하면서도 세련됐다. 오히려 근대인들이 먹어치우고 갖다 붙인 온갖 지식(소위 '교양')은 그들이 얼마나 취향 없는 존재인지를 보여준다. "근대인은 많은 것을, 아니 거의 모든 것을 소화할 줄 안다. 이것이 야심의 근대적 형태다." 그러나 이런 잡식성('잡식 인간'homo pamphagus)은 취향이라는 말, 더욱이 고상하고 세련된 취향이라는 말과는 정반대편에 위치한다. 아주 '괴벽스럽고 고집스러운 취향을 지녔던 과거'와 '더 고상한 취향을 갖게 될 미래' 사이에서, 근대 인간은 너무 어중간하게 살고 있다.[15]

12 《서광》, 169절.

13 《서광》, 161절.

14 《서광》, 169절.

15 《서광》, 171절.

소심한 살쾡이

16 《서광》, 57절.

니체는 "우리 세기는 위험성을 부정한다"고 말한 적이 있다.[16]

"그리스인들이 삶에서는 커다란 위험과 전복을 가까이에 두고, 숙고와 인식에서 일종의 안도감과 최종의 피난처를 찾는 것"과 달리 근대인들은 "그리스인들과는 비교도 안 될 정도로 안전한 상태에서 (살면서), 위험을 숙고와 인식(의 영역)으로 옮겨버렸다." 그래서 생각으로는 온갖 위험한 것을 공상할 수 있지만 행동이나 실제 삶에서는 그것이 나타나지 못하도록 한 것이다.[17] 고대나 중세적 인간들이 점성술만으로도 미래를 확신하고 대담한 모험을 전개할 수 있었던 반면, 훨씬 더 많은 지식으로 무장한 근대인들은, 그만큼 커진 불안과 회의 때문에 대담하게 행동할 수가 없다.[18]

근대의 다양한 감정, 타인에 대한 동정은 물론이고, 앞서 말한 허영이나 과장의 배후에는 '두려움'의 감정이 있는 게 아닐까. 근대인들이 자기 자신에 대해서는 소홀히 하면서 타인을 필사적으로 주시하는 것도 공포심 때문이 아닐까. "공포심의 전제적인 지배에 의해 최고의 윤리법칙이 정해지고, 사람들이 그들 자신과 자신의 주변을 무시하면서 다른 곳에서 일어나는 모든 곤경과 괴로움을 '살쾡이처럼' 주시하라는 명령을 전혀 모순으로 느끼지 않고 받아들일 경우, 사람들은 자기 자신에 대해서는 거의 기쁨을 느낄 수 없게 된다!" 공포심이 지배하는 경우 "공공의 안전과 사회의 안정감을 목표로 하는 행위들만이 '선한' 행위로 평가된다!"[19] 안전과 향락, 휴양에 대한 욕구가 근대사회를 지배한다는 것은 근대사회가 얼마나 위험을 두려워하는가를 보여준다.

이와 대비되는 것이 그리스인이다. 니체는 그리스인들이 '절

17 《서광》, 154절.

18 《서광》, 155절.

19 《서광》, 174절.

20 《서광》, 156절.

도'Maas, 節度라는 아폴론적 덕목에 매혹되고[20]※ "절도, 냉정한 용기, 공정함, 합리성" 등의 소크라테스적 덕목에 귀를 기울인 이유가 그들에게 그것들이 부족했기 때문일 것이라고 말한다.

어떤 민족이 지칠 줄 모르고 설교하는 덕목이란 대개의 경우

22 《서광》, 165절.

그들의 결점과 관련이 있기 때문이다.[22] 그들은 근대인들이 갖는 고통의 감정, 특히 동정을 불러오는 것들을 경멸했다. "절대로 비인간적인 철학자가 아니었던" 플라톤조차[※※※] 비극의 무

24 《서광》, 157절.

대를 우려했던 것처럼.[24]

그렇다면 그리스인들은 왜 비극을 무대에 올렸던가. 그리스인에게 비극의 의미는 근대인의 상상과는 아주 다르다. 근본적으로 호전적 기질을 가졌던 아이스킬로스 시대의 그리스인들은 '좀처럼 감동하지 않았다.' 니체에 따르면 그들은 비극을 이용해 자신들의 냉혹함을 좀 더 부드럽게 만들 필요가 있었다. 그것은 드물게 주어지는 "가장 쓴 고통의 약쑥이 혼합된", 일

21 《디오니소스적 세계관》
Die dionysische Weltansc-hauung, 2절.

※　"병적인 격정의 영향을 주지 않기 위해서는, 다시 말해 가상이 착각을 불러 일으키지도 또 기만시키지도 않게 하려면 꿈의 환상이 넘어서는 안 될 저 부드러운 경계선이 또한 아폴론의 존재에 없어서는 안 된다." "아폴론적 문화의 형상 의식은 …… 척도에 대한 윤리적 요청이라는 고귀한 목표를 가지고 있다."[21]

23 《정체》, 10권, 605d~606b.

※※※　니체는 "플라톤이 비극 무대의 필록테스에 대해 말한 것을 상기해보라"고 했지만, 플라톤이 필록테스에 대해 언급한 부분이 정확히 어떤 텍스트인지는 알수 없다. 다만 플라톤이 《정체》政體에서 호메로스와 비극 시인들을 언급한 부분은 니체의 말과 내용상 잘 부합한다. 여기서 플라톤은 비극 시인이 슬픈 영웅의 모습을 그려내면 우리가 그것을 모방해 동정에 빠지게 된다고 지적한다. 아울러 침착하게 슬픔을 견뎌내지 못하는 것은 남자답지 못한 것이고 부끄러운 일이라고 말한다. 내가 남들의 불운을 보며 '불쌍함을 느끼는 부분'을 키우게 되면 정작 내 자신이 불운을 겪을 때 그것을 억제하기 어렵다고 지적한다.[23]

종의 '전사를 위한 음료수'였다. 그들은 비극의 어느 순간에 '악마적 힘'에 휩싸이고 종교적 전율에 흥분했다. 그들은 그렇게 '망아의 순간'을 경험했다. '너무 많이 나가지 말라'는 아폴론적 가르침을 옆에 두고서.[*] 요컨대 "비극은 공포에 의해서든 연민에 의해서든 쉽게 정복되지 않지만 때때로 부드러워질 필요가 있는 영혼들을 위한 것이다." 그것은 결코 "돛이 바람에 열려 있듯 '연민의 감정들'에 열려 있는" 나약한 영혼들을 위한 것이 아니었다.[27]

27 《서광》, 172절.

땔감처럼 연소되고 동전처럼 닳아 없어지는 사람들

니체에게 근대 문화는 또한 '상인 문화'이기도 하다.[28] 상인은 가치평가자이다. 다만 그들은 "자신의 고유한 필요가 아니라 소비자들의 필요에 따라" 가치를 평가한다. "모든 것에 대해 그것들의 가치를 직접 확정"하려는 것은 위대한 일이 될 수도 있겠지만,[29] 상인들의 가치평가란 자신들이 아니라 타인의 욕구를 욕구하는 일에 지나지 않기에 사실은 매우 왜소한 것이다. 니체는 상인 문화에 대해 말하는 175절 직전에 '동정'을 다시 한 번 비판했는데, 흥미롭게도 그 제목을 '상업 사회의 도덕적 유행'이라고 달았다.[30] '동정'이 냉혹한 '상업 사회의 도덕'

28 《서광》, 175절.

29 《서광》, 175절.

30 《서광》, 174절.

[*]   "아폴론적 절제는 인식자들에게도 '너무 많이 하지 말라'medan agan라는 경고로서 주어졌다."[25] 본래 이 말은 델포이 신전에 새겨진 세 개의 격언 중 하나였다.[26]

25 《디오니소스적 세계관》, 2절.

26 127쪽 하단 주석 참조.

이라는 것은 언뜻 이해가 가지 않는다. 상인의 거래란 '살 1파운드'도 포기하지 않고 떼어낼 만큼(《베니스의 상인》) 냉정한 것이지 않던가. 하지만 따지고 보면 '동정'과 '상인' 사이에는 분명 상응성이 있다. '동정'과 '상인의 태도'에서는 모두 '타인을 끊임없이 주시하는 살쾡이'의 모습이 나타나기 때문이다.[※]

앞서 우리는 근대인의 교양을 일종의 '잡식'에 비유했는데, 근대의 상인 문화는 이것과도 통하는 면이 있다. 즉 돈이 된다면 무엇이든 가리지 않는 상인의 정신은, 취향 없이 긁어모은 지식으로서 교양과 닮았다. 이들은 모두 잡식성을 갖고 있다. 앞서 171절 '근대인의 잡식성'에 대한 니체의 비판을 해설하면서 나는 그것이 근대의 '교양'에 대한 비판이라고 했다. 근대인들이 자신의 왜소함을 감추기 위해 온갖 지식을 동원해 치장하는 것에 대한 조롱이라고 볼 수 있다. 203절("나쁜 식사법에 대한 반대")에서 니체는 '다양하게' 그리고 '대량으로' 차려진 음식에 대해서도 비슷한 비판을 가하고 있다. 부유한 계급이 엄청나게 차려낸 식탁은 언뜻 자신의 힘을 과시하는 것처럼 보인다. 그러나 이때 드러난 힘은 그들 자신의 것이 아니라 '돈의 힘'이다(정작 자신은 지식에서와 마찬가지로 돈 뒤에 숨는 것이다). "돈이 힘이고 명성이며 존엄이고 우위이며 영향력이다." 음식

[※]　니체는 여기서 "타인에게 직접 달려와 도울 경우"와 자기 자신을 잘 가꾸어 타인을 손님으로 환대하는 것, 다시 말해 자신을 아름다운 정원으로 가꾸어 "타인이 즐겁게 바라볼 수 있도록" 만드는 것 중 어느 쪽이 타인에게 더 큰 이익을 주는지에 대해 묻고 있다.[31]

31 《서광》, 174절.

들, 우리가 차려내는 것들은 돈의 대리자들, 돈의 표상들일 뿐이다.[32]

32 《서광》, 203절.

돈의 힘은 엄청나서 사람들은 그것을 얻기 위해서라면 기꺼이 '땔감'이 되기를 자처한다. 과도한 초조함 때문에 자기 죽음을 예정한 신탁을 제 스스로 작동하게 만들었던 아크리시오스처럼, 사람들은 여기서 "과도한 초조함으로 범죄자가 된다."(정말, 초조함은 죄악이다!) 돈을 벌기 위해 "누군가는 부정한 저울을 쓰고, 누군가는 고액의 보험을 든 후에 자기 집에 방화를 하고, 누군가는 위조화폐 제조에 참여한다. 상류 사회 4분의 3은 합법적 사기에 몰두하고 주식거래와 투기로 인한 양심의 가책으로 괴로워한다." 무엇이 이들을 부추기는가. 궁핍하지 않은 이들까지 시달리는 이 초조함. 그들은 "돈이 쌓이는 속도가 너무 느리다는 초조감과, 축적된 돈에 대한 끔찍한 욕망과 애정" 때문에 내쫓기는 것이다. 힘에 대한 감정, 힘에 대한 열망은 고대와 다를 것이 없다. 그러나 "수단이 변화했다." 여전히 "동일한 화산이 불타오른다. 초조함과 과도한 애정이 자신의 희생물을 요구한다." 과거에 '신'을 위해 한 일을, 사람들은 이제 '돈'을 위해 한다. 그들은 돈을 위해 기꺼이 희생물이 되고자 한다.[33]

33 《서광》, 204절.

근대인에게는 항상 시간이 없다. "현재 유럽인은 모든 중요한 문제를 반어적으로 취급한다. 그들은 그들의 일로 너무 바빠서 이러한 문제들을 진지하게 다룰 시간이 없기 때문이다."[34] 그것이 근대인들이 '위대한 일'을 할 수 없는 이유이기도 하다. 왜냐하면 그들은 그것을 "잉태할 수 있는 깊은 침묵"의 시간을

34 《서광》, 162절.

35 《서광》, 177절.

가질 수 없기 때문이다. 그들은 그저 사건에 쫓겨 다닌다.[35] 자
신이 익을 수 있는 '때'를 기다릴 수 없다는 것, 그것이 근대인
의 문제이다. 근대의 젊은이들은 인격도 재능도 근면함도 갖추
었지만 오직 하나, "스스로 방향을 부여할 수 있는 시간"을 허
용받지 못했다. 그리하여 그들은 주어진 방향에 길들여졌다.
그들은 이용되었다. "그들은 자기 자신을 박탈당했고, 매일 사
용되어 닳아지는 것이 되도록 교육받았으며 그것을 의무로 받

36 《서광》, 178절.

아들이게 되었다."[36] 잠시 쉬는 것이 '휴가'의 이름으로 허용되

37 《서광》, 178절.

었지만,[37] 어떻든 이 시스템에서는 바퀴가 되어 돌지 않으면

38 《서광》, 166절.

바퀴에 깔려 죽게 된다.[38] 사람들은 어떻게든 살아남기 위해
'연고를 찾고', '추천을 받고', '철저히 순응적인 인간'이 되기
위해 노력한다. 사람들은 그것이 스스로를 "그다지 책임을 느
끼지 않고도 남용하고 파괴할 수 있는 자연의 싸구려 도자기"
로 만드는 것임을 알지 못한다. "사람들은 이렇게 말하는 것
같다. '나 같은 유형의 사람들은 너무나 많이 널려 있다. 나를

39 《서광》, 166절.

가져가라! 거리낌 없이!'"[39] 한마디로 근대인들의 세기는 '과
도한 노동의' 세기이며 그렇게 해서 '닳아 없어지는' 세기이다.

2

독일적인 것의 위험

니체는 《서광》 제3권에서 '근대적인 것'과 함께 '독일적인 것'을 비판하고 있는데, '독일적인 것'에 대한 니체의 비판은 '근대적인 것' 일반에 대한 비판과 구별해서 고찰해볼 필요가 있다. '독일적인 것'과 깊은 연관을 갖는 '낭만주의'는 무엇보다도 '근대 계몽주의'에 대한 반발로서 출현했기 때문이다.

본래 '근대'로 번역되는 '모데르네'Moderne라는 말은 '새로운 것'이라는 의미이지만, 하나의 시대적 규정으로 사용될 때는 단지 '새롭다'는 뜻에 한정되지 않는다. 거기에는 '새로운 것'이 더 가치 있는 것이라는, 발전적이고 진보적인 세계관이 담겨 있다. '구체제'가 단지 시간적으로 '예전의 체제'라는 의미를 넘어 '옛것' 내지 '전통'이 권위를 갖는 체제를 이르는 말이라면 신체제, 즉 '근대'는 '새것'에, 다시 말해 '혁신'에 가치를 부여하는 체제를 가리킨다. 니체의 말을 빌리자면, "이전 시대의 '새로운 세대'는 옛 세대에 의거하려 했고 …… 선조들에 대한 비판은 악덕으로 받아들여졌다. 그러나 오늘날 젊은 이상주의자들은 매사를 선조에 대한 비판과 함께 시작한다."[40] 아울러 '빛을 비춘다'는 뜻의 '계몽'Enlightenment은 무엇보다 '이성의 시대'를 선언하는 것으로 신화나 전설, 비이성적 믿음에 대한 강력한 비판의 의미를 담고 있다.

40 《서광》, 176절.

19세기 낭만주의는 이러한 '근대 계몽주의'에 반발하면서 오히려 '과거', '죽은 자들'에게로 돌아갔다. 낭만주의자들은 민족의 전설과 신화를 세계 속으로 다시 데리고 나왔다. "허영심 많은 인간들은 그들이 과거 중 일부를 감각을 통해 재현할 수 있는 순간부터(그것을 재현하는 것이 곤란할 경우에는 특히) 그 과거를 높이 평가한다. 아니, 그들은 아마 그것을 죽은 자들한테서 다시 일깨우고 싶어한다."[41] 특히 19세기 독일 낭만주의는 이 점에서 이해될 수 있다. 독일인들은 '존재하는 것에 대한 존경'을 '존재했던 것에 대한 존경'으로 바꾸었다.[42] 독일의 철학자들은 "최초이자 가장 오래된 사변의 단계로 되돌아가" "과학이 나타나기 전의 철학"을 소생시켰다. 그리고 독일의 역사가들은 "옛날의 원시적 감각, 특히 기독교, 민족혼, 민간전승, 민족어, 중세적인 것, 동양적 금욕주의, 인도 문화의 명예 등"을 되살리려 했다. 독일의 자연탐구자들은 뉴턴과 볼테르의 정신에 대항하며 자연에 대한 "절대적인 윤리적—상징적 의의"를 회복하려 했다. 독일의 음악가들은 열광적인 것, 동화적인 것, 열망적인 것 등에 대한 예술가들로서 '새로운 신전'을 건

41 《서광》, 159절.

42 《서광》, 197절.

설하려 했다. 독일인들은 감정을 받들고 인식을 그 아래 두었
다. 니체는 인식의 한계를 규정했던 '칸트의 비판'이 독일 낭
만주의와 무관치 않다고 생각한다. 왜냐하면 그것은 "앎에 그
한계를 보여줌으로써 신앙을 위한 길을 다시 열었"기 때문이
다.43

43 《서광》, 197절.

무조건적 충성

물론 이것은 위험한 일이다. 죽은 자들을 다시 불러낼 때 민족
들 사이에는 전쟁의 위험이 도사린다. "현대의 대전쟁들은 역
사적 연구의 결과이다."44 실제로 니체는 1870~1871년에 보
불전쟁에 참여했고 거기서 광신적 민족주의를 직접 목격했다.
그러나 '독일적인 것'의 위험은 단순히 '낭만주의'에서 기인하
는 것이 아니다. 이 책에서는 더 근본적인 위험이 '독일적인
것'을 규정하고 있다. 바로 '무조건적' '충성'이다.45 니체의 언
급을 몇 가지 인용해보자.

44 《서광》, 180절.

45 《서광》, 167절.

"'인간은 무조건적으로 복종할 수 있는 어떤 것을 가져야만
한다.' 이것이 독일적 감각이고 독일적 일관성이다."46 "보통의
독일인은 자기 자신에게만 의존하는 것과 즉흥적으로 행동하
는 것을 두려워한다. 이 때문에 독일인은 그토록 많은 관리들
과 그토록 많은 잉크를 소모한다."47 '독일적인 것'의 이미지는
행정관청이나 군대에서 오히려 잘 나타난다("독일인들 중에서
가장 독일적인 인간들이라는 명성을 누렸던 독일 학자들은 독일 군

46 《서광》, 207절.

47 《서광》, 207절.

48 《서광》, 207절.

49 《즐거운 지식》, 104절.

50 《즐거운 지식》, 104절.

51 《서광》, 193절.

52 《서광》, 192절.

53 《서광》, 207절.

인들과 마찬가지로 우수했고 아마 현재도 그럴 것이다").[48]

니체는 '독일어의 유래'를 말할 때도 독일적인 것의 특징을 행정관청과 군대에서 찾았다.[49] 궁정에 경외심을 품고 있던 독일인들은 행정관청의 언어를 모범으로 삼았고 그들이 쓰는 대로, 즉 문어적 형태로 발음하면서 독일어 음향은 점차 '프로이센 장교들'의 언어를 닮아갔다는 것이다. 다음 구절을 보자.

"프로이센의 장교들이 이 음향의 발명가이기 때문이다. 군인이자 전문인으로서 저 경탄할 만큼 겸손한 박자 감각을 지니고 있는 장교에게서 모든 독일인들이 배우려 하는 것이다. …… 분명한 것은 독일인들이 언어의 음향에 있어 군사화되고 있다는 것이다. 군사적으로 말하는 것을 연습한 독일인들이 마침내 글도 군사적으로 쓸 가능성도 있다. 특정한 음향에 익숙해지는 것은 성격에도 깊은 영향을 미치기 때문이다."[50]

독일에서는 프랑스적 에스프리,[51] 즉 "기독교의 완전한 전형을 구현한 민족"이면서도 "비기독교적인 자유정신이라는 완전한 반대 전형 또한 산출"했던 식의 일을 기대할 수 없다. 독일인들은 자유로운 정신을 "딱딱하고 기이한 껍질을 통해 빛과 경박한 손에서 자신을 지키려는 영약"처럼 밀봉해버렸다.[52] 프랑스인들은 자신들의 깊이를 표면에 드러내지만 독일인들은 그것을 밀봉한다. 독일인들이 위대한 일을 하는 경우는 이 밀봉이 깨졌을 때, 즉 "총액 속에 하나의 숫자로 끼어드는 것이 …… 더 이상 가능하지 않게 되는" 상황에서만, 다시 말해 "곤경에 처해 용감하고 이를 악다문 정신 상태에서, 그리고 가장 긴장된 사려와 많은 경우 관대함이 지배하는 상태에서 이뤄졌다."[53]

흥미로운 것은 당대의 독일인들이 빠져든 철학자(쇼펜하우어), 음악가(바그너), 정치가(비스마르크)를 보면 그들은 오히려 독일적이지 않았다는 사실이다.[54] 즉 이들은 복종하지 않고 모두 "사물들에 대항했"다. 니체는 비스마르크의 마키아벨리즘과 쇼펜하우어의 무신론은 '예외적 독일'이거나, 차라리 '독일적이지 않은' '유럽적인 것'으로 불러야 한다고 말한다.[55] 문제는 독일인들이 이들을 수용하는 방식이다. 서로 튀지 않게 화해시키고 하나로 뭉뚱그리는 것. 사실 쇼펜하우어, 바그너, 비스마르크는 사이가 좋지 않았다. "쇼펜하우어는 바그너의 적대자이고, 바그너는 비스마르크 정치의 적대자이며, 비스마르크는 모든 종류의 바그너적인 것과 쇼펜하우어적인 것의 적대자다." 그러나 독일인들은 이들 모두에게 "충심으로 충성하고 싶어" 한다. 이들은 어떻게 하는가. 일부만을 받아들이고, 받아들이기 힘든 부분, 서로 화해가 안 되는 '나머지'는 잊어버리는 게 아닐까.[56]

54 《서광》, 167절.

55 《즐거운 지식》, 357절.

56 《서광》, 167절.

이런 독일적인 것의 반대편에 있는 것이 또한 그리스적인 것이다. 예컨대 투키디데스는 서로 다른 것, 서로 화해하기 어려운 것들을 어떻게 다루었는가. 이와 관련해 그는 '하나의 모범'이었다.[57] 그는 각각의 인물이나 사건을 그 전형에서 발견되는 '좋은 이성'에서 보려고 했다. 어떤 전형에 고유한 '힘'이나 '좋음'을 보는 것이다.* 그것들만이 후세에 전해줄 그런 것이기 때문이다("자신의 저작을 바치는 모든 후세인 역시 전형적이지 않은 것에 무슨 관심이 있겠는가!"). 바로 그 문화 속에 시인 소포클레스, 정치가 페리클레스, 의사 히포크라테스, 자연탐구자

57 《서광》, 168절.

데모크리토스가 있었다. 니체는 이들은 모두 '지혜로운 자'로서 '소피스트'라는 이름을 가질 만했다고 말한다. 이는 대단한 칭송이다.

　여담이지만, 우리는 '소피스트'라는 말을 '궤변론자'로, '지식장사꾼'으로 옮기곤 한다. 그 말에는 아주 부정적인 뉘앙스가 있다. 누군가에게 '소피스트'라는 딱지가 붙어버리면, 그는 "갑자기 우리에게 희미하고 파악될 수 없는" 존재가 되고 만다. 니체에 따르면 이는 플라톤을 비롯해 모든 소크라테스학파가 저지른 일이다. 모든 인물과 사물을 공정하게 대할 줄 알았던 이들("플라톤보다 더 크고 실질적인 공정성"을 가졌던 이들)에 대해, 모든 소크라테스학파가 힘을 합쳐 대결했고, 그 결과 사람들은 이들이 구축한 문화를 '비윤리적 문화'(궤변론자이자 지식장사꾼)로 추측해버렸기 때문이다.[59]

59 《서광》, 168절.

---

58 Marcus Aurelius, 천병희 옮김, 《명상록》, 숲, 2006, 42쪽.

※　나쁜 것, 심지어 악한 것 속에서도 나름의 매력을 보고 자연 전체의 힘을 인식하는 것은 스토아학파 사람들에게서 잘 나타난다. 아우렐리우스 황제는 이렇게 말했다. "고개 숙인 이삭, 사자의 주름진 이마, 멧돼지의 입에서 흘러내리는 거품 등등은 따로 떼어서 보면 아름다움과는 거리가 멀지만 자연적으로 발생하는 것들에 수반되는 까닭에 그것들을 돋보이게 하는 나름대로의 매력을 갖는 것이다." 그리고 이런 통찰력을 가진 사람은 "노파나 노인에게서 원숙미 같은 것을 보고, 아이들의 매력을 순결한 눈으로 바라볼 수 있을 것이다." 늙은이에게 노쇠함이 아니라 원숙함을 보고 아이들에게는 유치함이 아니라 천진난만함을 보는 것, 그것이 사물을 그 고유한 힘에서 인식하려는 태도이다.[58]

고전을 대하는 태도

195절에 나오는 독일의 '기초교양'Formale Bildung에 대한 니체의 신랄한 비판은, 앞서 근대적 '교양'에 대한 비판의 맥락(자기 삶과 무관한 앎을, 자신의 왜소함을 감추기 위해 덕지덕지 붙이는 것)에서 이해할 수도 있고, 각 사물이나 인간, 한 시대가 갖는 고유의 덕성을 읽어내지 못하는 '독일적' 무감각이라는 측면에서 이해할 수도 있을 것이다. '기초교양' 교육이란 여러 부문의 활동에도 활용될 수 있는 기본 능력을 배양하기 위해 고전이나 순수 수학 같은 것을 학생들에게 가르치는 것이다. 니체는 당시 독일 교육에서 강조된 '기초교양'에 대해 이렇게 비판했다. 이것은 "사물들의 인식이 아니라 이른바 '고전적 교양'으로 우리를 이끌기 위해 지식욕이 왕성하며 열렬하고 갈망에 찬 〔우리의 젊은〕 시절을 사용"하는 일이며, 또한 우리가 사소한 "일상에서 겪는 온갖 일들", "하늘과 땅에서 일어나는 모든 것을 수천 가지 문제로 분해하고", 우리에게 "수학적 지식과 역학적 지식이 가장 절실하게 필요하다는 것을 보여주고" 우리에게 "지식의 절대적 수미일관성에 대한 최초의 학문적 희열을 맛보게 하는 대신 수학과 물리학을 폭력적으로 강요"하는 것이다. 니체에 따르면 그것은 그저 "청춘을 낭비하는 것"이다.

기초교양으로 고전을 배울 때, 우리는 고대인들처럼 말하고 쓰지 않으며, 그들처럼 논쟁을 하지도 않고, 그들처럼 당당하게 행동하지도 않고, 그들처럼 격투하는 법도 배우지 않으며, 그들의 금욕주의적 삶에 대한 어떤 것도 알지 못한다. "우리는 단 하나의 고대의 덕이라도 고대인이 그것을 익혔던 방식으로 익혀본 적이" 없다. 게다가 그런 도덕에 대한 "유일하게 가능한 비판, 즉 이런 도덕 혹은 저런 도덕에 따라 살아본다는 저 엄격하면서도 용감한 실험은 더욱더 결여"되어 있다.[60] 결국 근대인들이 고전 교육을 통해 아는 것은 '지식'뿐이다. 그 배후에는 "근대적 감각에는 낯설고 이해될 수 없거나 고통스러울 수밖에 없는 감각이 잠복"해 있는데도 말이다. 근대인들은 지식이 어느 정도 쌓이면 자신들이 고대인들을 다 장악하고 있는 것처럼 오만하게 말하기도 한다. 그래서 현대인들에게는 별 쓸모가 없고 바보 같은 책벌레("늙은 책의 용龍")들이나 만족할 만한 그런 내용이 고전에 있다고 생각해버린다.[61]

고전을 이렇게 대하는 것은 사실 앎 일반, 진리 일반에 대한 근대적 태도의 한 특징이기도 하다. 지식을 행동이나 삶과 분리해 하나의 상품처럼 유통시키고 소비하는 것. 여기서는 "나는 정녕 무엇을 하고 있는가? 그리고 왜 다른 사람이 아니라 내가 그것을 하고자 하는 것일까?" 같은, 진리에 대한 개인적 물음, 진리와 자기의 관계를 묻는 물음이 생략된다.[62] 자기 자신을 잃어버리는 교육, 진리와 자기의 관계를 문제 삼지 않는 교육이 이루어지는 것이다.

우리가 현대사에서 알고 있는 '독일적인 것'의 위험, 다시 말해 '나치즘'으로 상징되는 독일인들의 자기파괴는 '나'를 잃어버리고 '복종'이 습관이 되었을 때, 거기에 민중을 도취시키는 '흥분시키는 술' 같은 존재가 나타날 때 일어나는 일이 아닌가 싶다.[63] 니체는 '영양보다 도취'라는 생리적으로 좋지 못한 취향은 본래 민중의 것이 아니었으나 민중에게 옮겨 심긴 것이라고 말한다. 절제가 동반되지 않는 '도취'는 자기망각이자 자기파괴에 다름 아니다. '도취된 민중'은 가장 나약한 민중이며 노예화된 민중이다. 니체는 '독일적인 것'의 악덕이 '음주벽'과 '자살 성향'에 있다고도 지적했다.[64] 나는 '민중'에 대한 니체의 비판(188절)에서 '니체 사후'에 나타났던 독일 민중의 '자기파괴적 광기'를 떠올린다("독일인의 감정은 그들의 이익에 역행하며 술에 대취한 삶의 감정처럼 자기파괴적이기 때문이다"[65]).

[64] 《서광》, 207절.

[65] 《서광》, 207절.

3

위대한 정치의 도래

제3권의 아포리즘들 곳곳에는 어떤 '도래하는 것'의 기운이 감돈다. 예컨대 이런 표현을 보라. "좋은 기회를 이용해서 무엇인가 새로운 것을 시도"하는 것,[66] "이제 막 시작되고 있는 시대처럼 위험으로 가득 차고 용기와 남자다움이 절실하게 요구되는 시대……",[67] (노동이 최고의 경찰[공안] 역할을 수행하고 안전이 최고의 신성으로 숭배되고 있는 시대인) "지금! 가공할 일이다! 바로 '노동자'가 위험한 존재가 된 것",[68] "미래가 어둠을 뚫고 그 모습을 나타내야만 한다",[69] "우리가 타고 있고 타기를 원하는 진정으로 위대한 조류",[70] "현재 도래하려는 시대",[71] 유대인들에게 도래할 "저 일곱 번째 날",[72] 유럽에서 노동자들이 열어야 할 "거대한 집단적 탈출의 시대",[73] 독일인이 '보다 높은 것의 배아'가 되는 것[74] 등등.

66 《서광》, 167절.

67 《서광》, 172절.

68 《서광》, 173절.

69 《서광》, 187절.

70 《서광》, 197절.
71 《서광》, 201절.
72 《서광》, 205절.

73 《서광》, 206절.

74 《서광》, 207절.

도래하는 것 — '이미'와 '아직' 사이에서

우리는 여러 곳에서 니체가 어떤 것의 '도래'를 기다리고 있음을 알 수 있다. 물론 이때 니체가 말하는 기다림이란 승강장에서 기차를 하염없이 기다리는 일 같은 게 아니다. 니체는 우리가 '시도'와 '실험' 속에서만 무언가를 기다리고 있음을 곳곳에서 보여준다. 다음 아포리즘들을 보자. "삶과 사회에 대해 무수한 새로운 시도가 이루어져야 한다."[75] "많은 실험이 여전히 행해져야만 한다."[76]

그런데 '올 것'으로서의 '도래'는 '오지 않은 것'으로서의 '미래'와 다르다. '도래'는, 니체가 자주 사용하는 표현을 빌리자면, '이미'와 '아직' 사이에 존재한다. 이미 일어났지만 아직 도착하지 않은 어떤 것이 우리에게 자기실현을 요구하며 '끊임없이' 도래한다. '이미' 와 있지만 오직 '때 아닌 것'Unzeit으로서만 우리 곁에 와 있는 것, 그것은 니체가 찾고자 하는 바이기도 하지만, 무엇보다 니체 자신이, 니체의 철학 자체가 처해 있는 바이기도 하다. 니체가 광인의 입을 빌려 "나는 너무 일찍 왔다. 나의 때는 아직 오지 않았다"고 했을 때,[77] 또 "나의 날은 내일 이후이다. 몇몇 사람은 사후에 태어난다"[78]고 했을 때, 우리는 '니체의 철학'이 '도래하는 것'으로서 존재한다고 말해야 할 것이다. 그래서 니체가 말하는 '미래의 철학'이란 미래의 언젠가 있을지 모르는 사태에 대한 예언이 아니라(이 점에서 니체는 점술가나 예언자가 아니다), 바로 지금 '때 아닌 것'으로 존재하며, 현재와 다른 것을 '발견하고 맞이하고 기다리는' 선언이

75 《서광》, 164절.

76 《서광》, 187절.

77 《즐거운 지식》, 125절.

78 《안티크리스트》, 서문.

자 촉구라고 할 수 있다.

그러므로 우리는 《서광》 164절 제목인 '시기상조'라는 말을 니체 철학 자체의 시간성으로 받아들여도 좋을 것이다. 164절에서 니체는 "기존의 풍습과 법에 얽매이지 않는 사람들"의 출현을 반기고 있다. 그들은 지금까지 "범죄자, 자유사상가, 비도덕적인 인간, 악한이라고 비난받은 채 추방과 양심의 가책의 지배 속에서 자신과 다른 사람들을 파멸시키며 살아"왔지만 그들을 '정당하고 좋은 것'으로 인정해야 한다고 말한다. 개개의 구체적인 범죄 행위를 긍정한다기보다, 그들 존재가 나타내는 것, 보편적 도덕의 불가능성, 배타적으로 자기만 긍정하는 도덕이 인류에게 치르게 하는 값비싼 대가("배타적으로 자기자신만을 긍정하는 도덕은 너무 많은 좋은 힘을 파괴한다")를 증언하고 고발한다는 점을 긍정하는 것이다. 우리는 인습과 도덕에 반하는 독창적이고 생산적인 사람들이 희생되지 않도록 지켜야 한다[79]※ (우리는 강자를 지켜야 한다!).

과거의 귀족, 이를테면 그리스의 귀족은 아주 고귀한 자들이었으나, 지금의 '좋은 기회'를 잘 활용한다면 우리는 그들보다 더 고귀할 수 있다.[81] 니체는 "충성Treue, 관대함Grossmuth, 좋은 평판을 부끄러워하는 마음die Scham des Guten Rufs"이 결합된 정

79 《서광》, 164절.

81 《서광》, 199절.

※　니체가 문헌학적 노고가 전제하는 믿음을 두고 한 다음 말을 참고하라. "문헌학은 지금은 존재하지 않지만 미래에 언제라도 '오게 될' 소수의 사람들을 위해 엄청난 양의 까다롭고 심지어 더럽기까지 한 일을 미리 행한다는 고귀한 믿음을 전제로 한다."[80]

80 《즐거운 지식》, 102절.

신을 당시 독일인이 "귀족적이고 고귀하며 고결하다"고 부른다는 점을 상기시킨다. 이것은 분명 '고귀함'에 대한 기사도적이고 봉건적인 관점이다. 그런데 이로부터 우리는 '가장 고귀한 그리스인'의 정신조차 보잘것없이 느껴지게 하는 시각을 얻을 수도 있다.

사실 그리스인은 명예를 위해 목숨을 걸지도 않고 선한 이름을 지키기 위해 명성과 권력을 포기하지도 않는다. 그들은 동료에 대한 질투가 심했고 기회만 있으면 권력을 찬탈하려 했다. 거짓과 살인, 배반 등에 양심의 가책을 느끼지도 않는 사람들이었다. 그리스에서 '국가에 대한 우상 숭배'가 그토록 강조되었던 것은 그만큼 그들이 국가에 대한 존경심이 없었기 때문이다.[82]

82 《서광》, 199절.

여기서 니체는 그리스인들을 비난하는 것이 아니다. 그들은 분명 고귀한 사람들이었다. 그런데 니체가 말하고 싶어하는 것은 우리가 기사도적 도덕을 잘 활용할 경우 그리스인들보다 더 고귀해질 수 있다는 점이다. 물론 그것은 우리가 기사도적 좋은 충동을 '낡은 대상들'이 아닌 "새로운 대상들에 적용되도록" 노력할 때 가능할 것이다. 사람과 일에 충실하고 관대하며 겸손한 것은 그 배치만 바뀐다면—낡은 봉건성을 극복하기만 한다면—얼마든지 훌륭한 덕이 될 수가 있다.

'독일적인 것'의 악덕을 비난할 때도 니체는 그 안에서 어떤 새로운 가능성을 찾아보려고 한다. 위대한 인물들을 계속 중심으로 숭배하기 위해 그들 사이에서 화해시킬 수 없는 것은 잊어야 했지만, 그것이 어려울 때 오히려 반대 방향의 시도가 이루어질 필요가 있다. 즉 위인들을 무조건적으로 추종하고 적에게 맹목적 적개심을 품는 것에서 벗어나 거꾸로 자기 안에 존재하는 불화를 직시하는 것이다. 그럼으로써 독일인은 무조건적 동의나 적대적 대결에서 벗어나 "조건적으로 동의하고 호의적으로 대결하는 민족"이 될 수도 있다.[83] 또 '복종'의 습관을 가진 독일인들이 '예외적인 시간', '불복종의 시간'을 경험할 수 있다면, 다시 말해 그들이 복종이 아니라 '명령하는 법'을 배운다면, 그들의 솔직담백하고 끈기 있는 삶의 방식은 위대한 일을 할 수도 있을 것이다.[84]

　중요한 것은 지금과는 다른 용법, 이전까지의 반대 방향을 찾아내는 일이다. 그것을 보는 것이 '미래의 철학'이다. 201절도 우리는 그런 관점에서 이해할 수 있다. 자유정신들의 덕분으로 이제는 귀족들이 '인식의 기사단'Orden der Erkenntnis에 들어가 훈련을 받아도 부끄러운 일이 아니게 되었으며, 아무런 양심의 거리낌 없이도 '승리를 거둔 지혜'를 볼 수 있게 되었다. 니체는 과거 어떤 시대에도 지금 '도래하고 있는' 시대처럼 자유롭게 지혜를 양심 앞에 세워둘 수는 없었을 것이라고 말한다.[85] 어쩌면 우리는 "죄라는 개념을 세계에서 치워버리고 …… 그 뒤를 이어 벌이라는 개념을 내보내는"데까지 나아갈 수 있을지도 모른다. 우리는 이제 '범죄자'를 '죄인'이 아니라 '병자'로 보는 단계까지 나아갈 수 있을지 모른다. 물론 "그렇게 할 수 있는 시간이 아직 오지는 않았다." 아직은 "사회와 개인의 건강을, 그것이 얼마나 많은 기식자들Parasiten을 견뎌낼 수 있는가에 따라 평가하려는" 용기를 가진 사상가들도 없다.[86]

83 《서광》, 167절.

84 《서광》, 207절.

85 《서광》, 201절.

86 《서광》, 202절.

그러나 '아직'일 뿐이다.

우리는 심지어 '과거'에서도 '도래하는 것'을 발견할 수가 있다. 독일인이 '근대 계몽주의'에 반대하면서 불러낸 정신, 다시 말해 "역사학, 기원과 발전에 대한 이해, 과거의 것에 대한 공감, 감정과 인식에 대해 새롭게 일깨워진 열정"은 한동안 '반동적 정신'의 호의적인 동료처럼 보였지만 "이후 어느 날에는 다른 성질을 갖게 된다." 즉 그것은 "원래 계몽주의에 대항하도록 불러내어졌지만 이제는 바로 저 계몽주의의 새롭고 더 강한 수호신"이 될 수도 있다.[87] 계보학이 '계몽의 횃불'을 들고 저 깊은 지하에서 발견해내는 미래가 바로 그런 것이 아닐까 싶다. 유래와 발생을 따져 묻는 것, 기원으로 돌아가 현행화된 역사와는 다른 가능성들을 찾아 해방하는 것, 그것이 또한 계보학이기 때문이다. 계보학자는 옛 시대의 자식임을 기꺼이 선언하기도 하는데(과거) 그것은 단순히 과거로 회귀하기 위해서가 아니다. 그것은 현 시대로부터 자유롭기 위해서(현재), 그리고 앞으로 도래할 시대를 위해서(미래) 그렇게 하는 것이다.[※]

87 《서광》, 197절.

불가능한 계급—노동자들의 엑소더스

니체가 《서광》 189절 제목에서 언급한 '위대한 정치'라는 말은, 과연 그가 생각한 '위대한 정치'는 무엇이었을까 하는 의문을 불러일으킨다. 니체는 '위대한 정치'가 어떤 것인지 직접 말하고 있지 않다. 그는 어떤 정치든지 간에 사람들을 "몰아대는 가장 강력한 물"은 결국 "힘의 감정에 대한 욕구"라고 말한다. '힘의 감정'과 무관한, '철인정치' 같은 것은 없다('철인정치'가 존재해도 그것 역시 '힘의 감정'을 즐기고 행사하는 하나의 양태일 뿐이다). '힘의 감정'에 대한 욕구는 군주나 권력자만이 아니라 민중에게도 '마르지 않는 샘'처럼 용솟음친다. 그렇다면 '좋은 정치', '위대한 정치'의 가능성은 어디에 있는가. 아마도 위대한 정치란 힘의 감정과 무관한 정치는 아닐 것이다. 앞서 '도덕'과 '부도덕'에 대해 말했던 것처럼, 그것은 '힘을 느끼는 다른 방식'에 있지 않을까.

　니체는 '위대한 정치'를 제목으로 단 이 절에서 흥미롭게도 헤시오도스를 끌어들이고 있다. 헤시오도스는 서사시 《신통기》에서 황금시대, 은의 시대, 청동시대, 영웅시대, 철의 시대로 시기 구분을 했다. 그런데 니체는 헤시오도스가 호메로스의 '영웅시대'를 두 번에 걸쳐 묘사하면서 "한 시대를 두 시대로

88 《반시대적 고찰》, 삶에 대한 역사의 이로움과 해로움, 서론.
89 M. Foucault, 문경자·신은영 옮김, 《쾌락의 활용》 L'usage des plaisirs, 나남출판, 1995, 24쪽.
90 G. Deleuze, 권영숙·조형근 옮김, 《들뢰즈의 푸코》 Foucault, 1995, 새길, 182쪽.

※　니체의 다음 언급을 참조하라. "현대의 자식인 내가 나 자신에 대해 그토록 반시대적인 경험을 했다는 점에서 내가 옛 시대의, 특히 그리스 시대의 자식이라는 점을 숨기지 않아야 할 것이다. 그러나 고전 문헌학자라는 직업을 위해 그 정도의 고백은 허용될 것이다. 고전 문헌학이 반시대적으로 다시 말해 시대와 대립해서, 그렇게 함으로써 시대에 그리고 바라건대 앞으로 도래할 시대를 위해 영향을 미치는 것 외에 우리 시대에 어떤 의미가 있는지 나는 잘 모르기 때문이다."[88] 우리는 이 구절의 반향을 푸코의 다음 구절에서 발견할 수 있다. "[내 연구] 그것이 목표하는 바는 그 자신의 역사를 사고하는 작업이 어느 정도나 사고를 그것이 침묵하는 가운데 생각하는 것으로부터 벗어나게 해줄 수 있으며 그것으로 하여금 얼마만큼이나 다르게 사고할 수 있도록 해줄 수 있는지를 아는 것이었다."[89] 들뢰즈는 위의 니체가 쓴 문장을 빌려 푸코의 작업을 이렇게 요약한다. "사유는 그 자신의 역사(과거)를 사유하지만 그것은 자신을 현재의 사유하는 바(현재)로부터 자유롭게 하기 위해, 그리고 마침내는 '다른 방식으로 생각할' 수 있기 위해서이다(미래)."[90]

만들었다"고 말한다. 그에 따르면 헤시오도스가 '한 시대'를 '두 시대'로 나눈 것은, 그만큼 한 사태를 바라보는 상이한 가치판단, 상이한 '힘의 감정'이 존재했기 때문이다(아예 다른 시대로 불러야 할 정도로 감각의 차이가 나타난다는 것이다). '모험적이고 폭력적인 인간들'에게 억압받았던 이들은 이 시대를 '나쁜 시대'로 보지만, '기사적 종족의 자손들'은 그 시대를 '좋고 행복한 시대'로 본다는 것.[91]※ 말 그대로 서로 다른 해석학이 존재하는 것이다. 누구에게는 '황금시대'이지만 누구에게는 그 반대일 수 있는 것이다.

91 《서광》, 189절.

니체가 '위대한 정치'의 도래를 말한다면 아마도 그것은 '힘'과 '권력'에 대한 아주 다른 감각의 도래를 말하는 것으로 보아야 한다. 정치의 과제나 목표를 아주 달리 보는 시각 말이다. 니체가 고대 그리스의 위대한 정치가라고 부른 이들은 통치자나 법제도의 안정보다는 다양한 정치적 비전이 경쟁하는 장—그들이 '아곤'agon이라고 부른 치열한 경쟁—을 유지하고 강화하는 것에서 정치의 목표를 찾았다.[93]

니체가 179절에서 '가능한 한 국가를 작게 할 것'이라고 말

93 Tracy B. Strong, *Friedrich Nietzsche and the Politics of Transfiguration*, University of California Press, 1975, pp. 193~196.

※   이 언급은 《도덕의 계보》*Zur Genealogie der Moral*에도 나온다. "그(헤시오도스)는 화려하지만 마찬가지로 무섭고 폭력적인 호메로스의 세계가 나타내는 모순을 해결하는 데 한 시대를 둘로 나누고 그것을 (다른 시대인 것처럼) 전후로 배치하는 것 외에는 방법이 없음을 알았다. 그 하나는 트로이와 테베의 영웅과 반신의 시대인데, 이는 자기 안에 자신의 선조를 갖고 있는 고귀한 종족의 기억에 남은 세계이다. 그다음이 청동시대로, 짓밟힌 자, 약탈당한 자, 학대받은 자, 끌려다닌 자, 팔린 자의 후예들이 본 그와 똑같은 세계이다."[92]

92 《도덕의 계보》 I, 11절.

했을 때, 나는 그가 우리에게 정치의 장소와 목표를 달리할 것을 요구하고 있다고 생각한다. 근대의 정치는 사실상 '국가론'이기 때문이다. 니체는 이렇게 말했다. "모든 정치·경제적인 일들은 가장 많은 재능을 타고난 정신들이 관여해야만 할 정도의 가치를 가지고 있지 않다. 이러한 정신의 낭비는 곤궁한 상태보다 근본적으로 더 나쁘다." 곤궁이란 그저 에너지가 빈곤한 상태일 뿐이지만 '정신의 낭비'는 에너지를 엉뚱한 곳에 허비하는 일이기 때문이다. 이런 정치는 "자신의 고유한 일을 돌보지 않는" 아주 나쁜 습속을 만들어낸다. 사람들은 "매일 정치·경제적인 일들을 알아야 한다고 믿고 있고 누구든 그것을 위해 언제라도 일을 하려고 하지만 정작 자기의 고유한 일은 돌보지 않는 광기"에 빠져 있다. 우리는 정치의 목표가 '사회적 안녕'(공안)과 '상업과 교역의 확대'(자본)에 있는 것처럼 생각하지만 이런 활동은 "가장 귀중한 것, 즉 정신을 낭비한다."[94]

이 점에서 민중의 정치적 동원에 대한 니체의 비판[95]을 나는 곧바로 '민주주의'에 대한 비판과 동일시하고 싶지 않다.※ 니체가 당대에 목격한 '대중에 대한 선동'은 '복종에 익숙한 민중'이 '도취되었을 때' 어떤 위험이 초래되는가에 관한 것이다. 마치 스피노자가 17세기 혁명들의 반동적 성격(대중을 동원해

94 《서광》, 179절.

95 《서광》, 187절.

※　　니체는 여러 곳에서 근대 유럽의 민주주의를 비판했다. 그러나 나는 이것이 더 깊은 의미에서 민주주의에 다가간 것이라고 생각한다. '근거들의 근거 없음'을 폭로하는 니체의 비판은 '아르케'arche 없는 정체로서, 다시 말해 '근거 없는 정체'(혹은 근거 없음을 근거로 갖는 정체)로서 민주주의와 상통한다. 이에 대한 자세한 내용은 고병권, 《민주주의란 무엇인가》(그린비, 2011) 1장을 참조하라.

서 대중의 자유를 억압) 때문에 '혁명'에 대해 비판적이었듯이,[※] '민중 정치'에 대한 니체의 비판 역시 마찬가지 성격을 갖는다고 생각한다. 다시 말해 나는 니체가 목격한 19세기 민중 정치의 문제점이 역으로 민주주의의 중요성을 보여준다고 생각한다. 민주주의란 약자 민중이 지배자가 된다는 사실에 있지 않고, 민중이 강자가 되는 일이기 때문이다. 민중은 복종하는 법이 아니라 명령하는 법을 배워야 하고 자신의 삶과 정치에 대한 고귀한 취향을 가져야 한다(민중-귀족). 그렇지 않으면 민중은 '술고래들'⁹⁷이 들이붓는 술에 도취되어 놀아나는 어릿광대가 되고 말 것이다.

97 《서광》, 50절.

　나는 니체 식 '위대한 정치'의 중요한 출발점을 206절 '불가능한 신분'Der unmögliche Stand에서 발견한다. 그것은 니체가 일차적으로 자본주의 체제하에 있는 '노동자들'에게 제안하는 것이지만, 이 체제의 누구에게도 동일한 제안이 가능할 것이다. 니체가 권하는 것은 '탈주'와 '엑소더스'다. 앞서 니체는 우리가 '시스템의 바퀴가 되어 돌지 않으면 그 바퀴에 깔려 죽는 상황'에 처해 있다고 했다. 그 속에서 우리는 '매일매일 닳아 없어지는' 삶을 살고 있다. 173절에서는 자본주의에서 '노동'이

※　스피노자는 반동의 정치에 이용되는 '혁명'의 이데올로기를 경계했다. 들뢰즈의 다음 언급을 참조하라. "스피노자가 혁명의 유해성에 대해서 말할 때, 우리는 그 혁명이 크롬웰 혁명이 만들어낸 환멸 혹은 가능성으로서 존재하고 있던 오란녀가의 쿠데타가 만들어낸 불안들과 관련해서 이해되고 있다는 점을 잊어서는 안 된다. 당시에 '혁명적' 이데올로기에는 신학이 배어들어 있었고, 따라서 칼뱅파의 경우에서처럼 종종 반동의 정치에 이용되기도 하였다."⁹⁶

96　G. Deleuze, 박기순 옮김, 《스피노자의 철학》 *Spinoza: philosophie pratique*, 민음사, 2012, 20쪽.

생산 활동이기 이전에 '공안' 활동이라는 것을 주장하기도 했다. "사람들은 지금 이러한 노동—이때의 노동이란 아침부터 밤 늦게까지 행해지는 저 고된 노동을 의미한다—을 보며 이런 노동이야말로 최고의 경찰이며, 그것이 모든 사람을 억제하고 이성, 열망, 독립욕의 발전을 강력히 저지할 수 있다는 사실을 깊이 느낀다. 왜냐하면 노동은 극히 많은 신경의 힘을 소모하고 성찰, 고민, 몽상, 걱정, 애정, 증오를 위해 쓰일 힘을 앗아가기 때문이다."[98] 그러므로 노동을 찬미하는 것은 '공안'에 협력하는 것이다. 그런데 니체는 글의 말미에서 갑자기 "'노동자'가 위험한 존재가 된 상황", 더 이상 '공익을 위한 비개인적 행위'에 참여할 생각이 없는 '위험한 개인들'이 나타나고 있다고 말했다.[99] 나는 이 상황이 206절에서 '엑소더스' 촉구로 나타나고 있다고 생각한다.

니체는 가난한 이들에게 어느 길을 갈 것이냐고 묻는다. "가난하면서도 즐겁고 독립적이라는 것! 그것은 동시에 가능하다. 가난하면서도 즐겁고 노예라는 것! 이것도 가능하다." 어느 쪽인가? 당신은 어느 쪽인가? 아마도 당신이 "지금의 상태처럼 기계의 나사로, 또 말하자면 인간의 발명품에 대한 보완물로 소모되는 것을 치욕이라고 느끼지 않는다고 가정한다면", 그리고 "높은 급여를 통해 …… 비참한 삶이 본질적으로 극복될 수 있다고 믿는다면" 당신은 후자의 삶을 택한 것이다.[100] '돈 많은 노예 상태'를 치욕으로 경험하느냐 행복으로 경험하느냐, 그 힘의 감정에 따라 우리는 아주 다른 체제, 아니 '다른 시대'라고 불러도 좋을 그런 삶을 살게 될 것이다. 그러

98 《서광》, 173절.

99 《서광》, 173절.

100 《서광》, 206절.

면서 니체는 다시 묻는다. "인격이 아니라 나사가 되는 대가로 하나의 값을 가질" 것인가?

니체는 사회주의자들의 선동('쥐 잡는 인간들의 피리 소리')이 결코 문제의 해결이 될 것이라고 보지 않았다. "그들은 그대들에게 준비만 할 뿐 더 이상 아무것도 하지 말라고", 즉 그저 준비만 하라고 말하는 자들이기 때문이다. 그들의 가르침 속에서 "그대들은 외부에서 무언가가 올 것을 기다리고 기다릴 뿐 그 밖의 모든 점에서는 예전대로 산다." 종교적 구원에 필적하는 사회주의적 심판과 구원론이 있는 셈이다.

니체는 곧바로 행동할 것을 촉구한다. 그 행동은 국가권력의 찬탈도 아니고 그것의 단순한 파괴도 아니다('무정부주의자들의 산물인 국가'). 사회주의 진영의 많은 이는 스스로 법 제정자가 되는 순간 "자신을 쇠사슬로 묶은 채 가공할 규율을 시행하게 될 것이다." 그들은 그날을 기다리며 모든 것을 견딘다.[101] 정 101 《서광》, 184절. 치적 행동에 대한 관심, 권력에 대한 감각을 거기서 거두어들이는 것이 중요하다. 더 중요한 것은 이 체제에서 '영리한 노예'로서 유리한 자리를 차지하는 게 아니라 이 체제로부터 '탈퇴'하는 것이다.

　"차라리 이민을 가자. 세계에 아직 남아 있는 야만적이고 신선한 지역의 주인이 되고 무엇보다도 나 자신의 주인이 되자. 그 어떤 것이든 노예제도의 징후가 조금이라도 보이는 한, 장소를 바꾸자. 모험과 전쟁을 회피하지 말고 최악의 경우에는 죽을 각오를 하자. 이 불결한 노예제도만은 더 이상 안 된다." 이것이야말로 올바른 정신 자세일 것이다. 지금부터 유럽의 노동자들은 하나의 신분으로서 자신들의 상태를 인간이 참을 수 없는 것으로 천명해야 하며, 보통 주장되듯이 단지 가혹하고 불합리하게 조직된 것이라는 식으로 말해서는 안 된다. 그들은 유럽이라는 벌집 속에서 이제까지 겪어보지 못한 집단적 탈출의 시대를 열어야 한다. 이러한 대규모적이고 자유로운 이민에 의해 기계, 자본, 그리고 지금 그들을 위협하고 있는 선택, 즉 국가의 노예가 되든지 국가를 전복하는 정당의 노예가 되지 않으면 안 된다 하는 선택에 저항해야 한다.[102]

102 《서광》, 206절.

제 5 장

배우의 철학

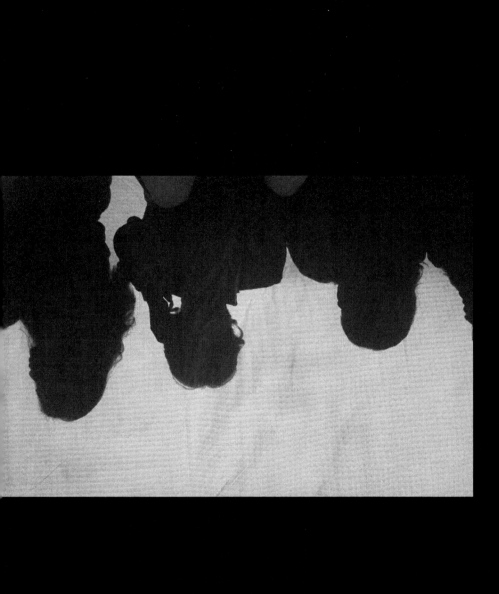

당신은 예술에 도덕의 잣대를 들이미는 것이 부당하다고 생각한다. 그러나 정작 그 잣대 위에서 연기하는 것은 당신이다. 당신은 거짓이어서 비난받는 것이 아니다. 당신은 진실에도 미달했지만 거짓에도 미달했다. 맨 얼굴을 두는 한에서 모든 분장은 거짓이다. 그러나 맨 얼굴을 두는 한 모든 분장은 충분한 거짓이 못 된다. 훌륭한 배우는 분장할 때 얼굴을 가리는 따위의 일은 하지 않는다. 그는 얼굴을 변형시킨다. 그는 얼굴에서 벗어난다. 예술가여, 존재(Sein)와 가상(Schein), 그 어느 쪽도 가짜다.

I

우리, 배우들

나는 지금 매 장마다 니체의 아포리즘을 특정한 주제로 묶어 말하고 있다. 당연히 거기에 들어가지 않는 아포리즘도 많다. 제4권을 다루는 이번 장에서는 그런 아포리즘이 특히 많을 것 같다. 니체의 아포리즘을 어떻게 읽을 것인가. 제1장에서 나는 악절을 이어 노래를 짓는 데 비유했다. 니체가 만들었으나 부르지 않은 노래가 그런 식으로 만들어질 수 있다고 했다. 하지만 나는 이것이 하나의 체계에 니체를 끼워 넣는 일이 되지 않을까 조심스럽다. 니체는 나쁜 독자를 '약탈하는 군인'에 비유한 적이 있다.▨ 필요한 것만 강탈하고 나머지는 다 부수고 망가뜨리는 독자 말이다. 니체와 더불어 다양한 사유를 생산할지, 하나의 독단 아래 니체의 사유를 죽여버릴지, 우리는 조심할 필요가 있다. 이 점을 염두에 두며 이야기를 시작할까 한다.

연기하는 삶

두려움 때문이든, 그 무엇 때문이든, 우리는 타인의 눈에 우리가 어떻게 비칠지 몹시 신경을 쏜다. 그래서 우리 자신을 볼 때도 타인의 눈을 통해 본다. 우리는 어떤 '눈'이 우리를 보고 있으며 '평가하고' 있다고 생각한다[※※]("모든 방향에서 우리를 내려다보고 우리를 꿰뚫어보는 하나의 커다란 눈"[3]). 그 눈에 비친 우리 자신을 상상함으로써 우리는 다양한 힘 감정을 느낀다. 그리고 그것이 우리 자신이라고 믿어버리기도 한다. 니체는 그런 우리의 모습을 상점에 비유한다. "우리는 상품을 진열해놓은 가게와 같다. 거기에서 우리는 타인들이 우리에게 귀속시키는 외관상의 특징들을 끊임없이 정돈하거나 숨기거나 드러낸다. 우리 자신을 속이기 위해."[4]

제4권에 나오는 '상연', '배우', '연기', '무대', '연극', '희극' 같은 말(이렇게 직접적이지는 않더라도 '겉보기', '겉치레', '표면상', '보이는 것' 등등의 말)을 통해 니체는 우리 삶의 연극적 특징을 기술한다. 한마디로 우리는 우리를 지켜보는 '눈' 앞에서 우리가 어떻게 보일까를 고민하는 배우들이다. 우리는 자신이 직접 기쁜 것보다 타인을 기쁘게 한 것에서 더 많은 기쁨을 느낄 수

3 《서광》, 352절.

4 《서광》, 385절.

1 《인간적인 너무나 인간적인》 II, 137절.
2 최성환 옮김, 《유고 (1880년 초~1881년 봄)》, 책세상, 2009, 1(10).

※ "가장 나쁜 독자들은 약탈하는 군인과 같이 행동하는 사람들이다: 그들은 그들이 사용할 수 있는 몇 가지는 꺼내고, 나머지는 더럽히고 엉클어버리며 전체를 비방한다."[1]
※※ "다른 사람을 위해 자신을 희생하는 것이 '더 높게 평가된다고' 가정하면 사람들은 그렇게 할 것이다. 그러나 그 까닭은 그것이 평가되기 때문이다."[2]

도 있다("[다른 사람들을] 기쁘게 하는 것은 왜 모든 기쁨보다 우월할까? 이는 우리가 그것을 통해 자신의 50가지 충동을 단번에 기쁘게 하기 때문이다").[5]

실제로 우리는 자신의 연기를 의식할 때도 많다. 이를테면 중환자의 침대 곁에 있을 때, "우리는 우리가 무엇을 생각하고 어떻게 생각하는지에 대해 많은 것을 말하지 않는다. 우리는 불행한 사람 앞에서 일종의 희극을 연출한다."[6] 어떤 때 이 연기는 무의식적이다. 우리는 "의식, 직위와 신분을 나타내는 의상, 엄숙한 표정, 근엄한 눈초리, 느린 발걸음, 완곡한 어법, 그리고 위엄이 있다고 불리는 모든 것들"을 행하는데, 니체는 그것이 "두려움에 가득찬 사람들이 자신을 위장하는 방식"이라고 말한다.[7]

도덕적 행위 뒤에 숨은 부도덕한 충동들은 이런 특성을 가지고 있다. 제4권 곳곳에서 니체는 우리의 '외관'과 '내면'이 아주 다를 수 있음을 보여준다. 양심을 항상 엄격히 지키는 사람들은, 뒤집어 생각하면 그만큼 양심에 도전하는 감각들("자신 안에 있는 많은 비참한 감각들")을 매번 의식한다는 것이기도 하다. 이들은 자신과 타인들에 대해 "자신의 내면을 가능한 한 숨기고자 하는 사람들"일 수 있다.[8] 이런 점에서 "여성을 멀리하고 (자기) 육체를 고문해야 하는 사람들"이야말로 오히려 '가장 감각적인(육체적 쾌락에 탐닉하는)' 사람들일지 모른다.[9] 마찬가지로 "적들의 한가운데로 자신을 내던지는 것은 비겁함의 표시"일 수 있으며,[10] 자신에게 아첨하는 사람들을 경멸하면서도 그 경멸을 알아차리지 못하도록 아주 관대한 신의 연기를

5 《서광》, 422절.

6 《서광》, 383절.

7 《서광》, 220절.

8 《서광》, 233절.

9 《서광》, 294절.

10 《서광》, 299절.

11 《서광》, 300절.펴는 영리한 야심가도 있기 마련이다.[11]

심지어 헌신과 희생 속에서도 우리는 연기한다. 오로지 희생하는 모습으로 자신이 비치기를 좋아하는 사람들 안에는 매우 '강한 이기주의자'가 숨어 있을 수 있다. "모든 것이 자신의 의지와 기분에 따라 일어나야 하지만, 그것이 (다른 이를 위한) 희생으로 비칠 뿐 그들 자신을 위해서는 아무것도 탐하지 않는 12 《서광》, 295절.것처럼 나타나야 하는" 사람들 말이다.[12] 우리는 종종 누군가를 위해 희생했을 때조차 "그가 그랬으면 하고 우리가 바라는 대로 그가 나타나야 할 기회를 그에게 주는" "슬픈 교활함"을 13 《서광》, 420절.가지고 있기도 하다.[13]

물론 겉모습으로만 보면 희생자들은 이기적이지 않다. 니체 역시 그 헌신과 희생의 '진정성'에 의심의 여지가 없는 경우도 있다고 생각한다. 그가 문제 삼는 것은 희생에 대한 촉구가 도덕적 구호로서 제창되는 경우이다. 그는 이때 '희생'이라는, 생리적으로 불리한 상황이 어떻게 '열광'이라는 힘의 감정과 연결될 수 있는지를 보여주려 한다. 그에 따르면 희생과 헌신은 또 다른 형식의 이기주의일 수 있으며 무엇보다 힘과 권력에 대한 도취의 감정이 될 수 있다.

그대들은 열광적으로 자신을 헌신하고 자신을 희생물로 만들어, 신이든 인간이든 그대들이 그대 자신을 바치는 강력한 존재와 지금 하나가 되었다고 생각하고 도취되는 것이다. …… 그대들은 단지 희생하는 것처럼 보일 뿐이다. 오히려 그대들은 마음속에서 그대들을 신으로 변화시키고 신이 된 자신을 즐기는 것

이다.[14]

14 《서광》, 215절.

　복종이니 의무니 합리성이니 하는 것들을 일거에 뛰어넘는 희생을 통해 그들은 자신들이 신처럼 고양됨을 느낀다. 그런데 이 경우에도 그 희생이 자기 마음속에서 '상연'된다는 사실이 중요하다. 희생자들은 그 마음속에서 신처럼 숭고하게 행동하는 자신의 모습을 본다. 희생자가 빠져드는 도취란 그것을 연기하고 그것을 지켜봄으로써 바로 그것을 믿는 일이다. 니체는 '겸양에 깃들어 있는 기만'에 대해 말하면서 이 장면이 마음속 극장에서 어떻게 상연되는지를 언급한다.[15] 누군가 이웃에게 사려 없는 행동으로 고통을 주었다고 하자. 그는 자만을 버리고 사과한다. 그리고 이웃으로 하여금 자신을 가혹하게 비난하도록 한다. 이렇게 해서 제 스스로는 문제가 다 해결되었다고 생각할지 모른다. "자신의 명예를 자발적으로 상실함으로써 타인이 비자발적으로 상실한 행복을 보상할 수 있다고 생각하는 것이다." 그러나 타인은 여전히 고통스러울 수 있고 다시 찾아온 그가 사과의 뜻으로 내보인 고통스러워하는 모습조차 새로운 상처가 될 수 있다. 그러면 도대체 이 장면은 어디에 기여한 것일까. "근본적으로 그대는 그 장면을 그대 앞에서 그대 자신을 위해 상연한 것이다. 그대가 그러한 장면에 증인을 초대한 것 역시 그대 자신을 위해서이지 그를 위해서는 아니다. 그대 자신을 속이지 말라!"[16]

15 《서광》, 219절.

16 《서광》, 219절.

자신을 속이지 말라!

약자들도, 아니 약자들이기에 더욱 위장을 필요로 한다. 타자
에게만이 아니라 자신에게도 스스로의 약함을 감추기 위해.
"이 개를 한 번만 툭 건드려보라. 즉시 개는 다른 모든 아첨꾼
들처럼 바드득 소리를 내며 불꽃을 튀길 것이다. 그리고 그것
은 그 나름의 방식으로 재치가 있다."[17] "명령하는 사람한테 불
가피하게 종속될 수밖에 없는 사람은 〔명령하는 사람에게〕 공포
감을 불어넣음으로써 그를 제약하는 것, 예를 들어 성실이라든
지 정직이라든지 혹은 독설을 할 수 있는 혀를 가져야만 한
다."[18]

이와는 반대로 힘을 가진 자가 자신이 한 일이 별 볼일 없는
것인 양 내보이는 경우도 있다. "자신의 최상의 작품과 일을
하찮게 생각하면서 그것을 제대로 제시하거나 설명하지 못하
는 소심한 사람들이 있다." 이들은 타인의 호의를 믿지 않거나
하찮게 여긴다. 오히려 "그들은 자신이 자신에게 매료되는 것
을 부끄러워하고 자신이 웃음거리가 되는 데서 일종의 반항적
쾌감을 느낀다. 이것은 우울한 예술가의 영혼에서 발견되는 상
태다."[19] 물론 자신의 장점을 감추는 것이 꼭 타인의 호의를 하
찮게 여기는 데서만 나오는 것은 아니다. 고귀한 자들은 타인
에 대한 강한 호의를 바로 드러내는 것을 부끄럽게 생각해 그
럴 수도 있다. 이들은 자신의 고귀한 친밀함을 바로 보여줄 수
없을 때 어떤 자제와 엄격함 그리고 지나친 친밀함에 대한 약
간의 경멸을 통해, 거꾸로 상대방이 그것을 추측할 수 있도록

17 《서광》, 258절.

18 《서광》, 260절.

19 《서광》, 384절.

한다.[20] 마치 사랑하지만 무뚝뚝하게 대하는 그런 사람처럼 말이다.

20 《서광》, 288절.

그런데 아예 연기 재능이 없는 사람들도 있다. 니체는 누군가 오만하게 나타날 때가 그렇다고 말한다. '오만'이란 연기가 실패했을 때 드러나는 위선이다. 즉 '오만'은 '가장된 겉치레의 긍지'인데, 그런 겉치레와 '위선에 실패한 위선'이라고 할 수 있다.[21] 연기에 실패해서 위장이 드러나면 그는 삼중으로 공격을 받을 것이다. 먼저 그는 상대방을 기만했다는 이유에서, 다음으로는 상대방에게 우월함을 보이려 시도했다는 점에서, 마지막으로는 바로 그 실패 때문에 상대방의 비난과 조소를 받게 된다. 니체가 '정직' 역시 연기에 재능 없는 사람들이 택하는 불가피한 배역이라고 말하는 대목은 재밌다. "많은 사람은 진실하다. ……요컨대 그는 배우로서의 재능에 자신이 없기 때문에 정직, 즉 '진실을 연기하는 것'을 선호한다."[22]

21 《서광》, 291절.

22 《서광》, 418절.

무대에서 어떤 장면을 상연하는 것이 개인들 상호 간의 행동에서만 이루어지는 것은 아니다. 예컨대 시인은 일어나지 않은 일을 자기 안에서 상연할 수 있는 상상력을 가진 사람이다. 이들은 "일어날 것, 일어날지 모르는 것을 미리 행하고, 미리 향락하고 미리 괴로워하고, 〔기대하던〕 사건과 행위가 마침내 일어나는 순간에는 이미 지치고 마는 상상력"을 가졌다.[23]

23 《서광》, 254절.

역사학자도 그렇다. 어떤 점에서 세계사란 "바닥을 헤아릴 수 없는 실재의 깊은 안개 위에" 투사되어 상영되는 "환영들 Phantomen의 지속적인 출산과 잉태"인지 모른다. 역사가가 다루는 것은 실제 사건이 아니라, 실제 일어났을 것으로 '보이는',

언더그라운드 니체

다시 말해 그렇게 추정되는vermeintlichen 사건들이다. 세계사란 역사가가 추정하는 행위 또 그 행위의 배후에 있다고 추정된 동기들이며, 이 동기들에 대한 의견이라고 할 수 있다. "이것들의 실재성은 곧 다시 증발되어 오직 증기로서만 영향을 미칠 뿐이다." "모든 역사가는 표상Vorstellung 바깥에서는 존재하지 않았던 사물들"을 상연하는 사람들이다.[24]

24 《서광》, 307절.

사상가도 마찬가지다. 사상가들 중에서도 특히 '체계를 세우려는 자들SysteMatikern의 연극'을 조심해야 한다. 이들은 하나의 체계를 구축하면서 강한 성질과 약한 성질을 동일한 스타일로 나타내려 한다. 이들은 모든 것이 하나의 체계로서 완전하고 한결같아야 한다고 믿는다. 그래서 "이들은 완전하면서도 한결같이 강한 본성만을 연기하려고darstellen 한다."[25]

25 《서광》, 318절.

2

자아(에고)와 그의 소유

연기는 항상 우리에게 '페르소나', 즉 '가면'의 문제를 제기한
다('가면'은 니체 철학의 핵심 테마 중 하나이다). 나는 누구인가.
나는 내 가면인가. 가면 뒤에 또 다른, 진정한 내가 있는가. 가
면을 쓴 자의 가장 큰 착각은 자신이 쓴 것이 '가면일 뿐'이라
고 생각하는 것이다. 그는 가면 뒤에 진정한 자아가 있다고 생
각한다. 그러나 반복되는 연기 속에서 자신이 쓴 가면은 어느
덧 그 자신의 얼굴로 고착되기도 하고, 항상 가면 뒤에 숨겼다
고 상상하는(어떤 가면에도 만족하지 못하면서), 상상 속의 얼굴
(그것 또한 가면이 아닌가)에 고착되어버리기도 한다.

  물론 우리가 우리 자신에 대해 갖는 이미지는 타인이 우리에
대해 갖는 이미지와 차이가 있을 수밖에 없다. 타인은 우리가
가진 사소한 무언가에 눈을 쉽게 빼앗긴다. 그것이 단지 콧수염

에 불과할지라도 말이다. 그리고 그것으로 우리 자신을 덮어씌운다. "대부분의 경우 어떤 사람에 대한 인상을 규정하는 것은 특별히 눈에 띄는 개별요소Einzelheit 이상이 아니다. 그래서 가장 온후하고 가장 공정한 사람도 단지 커다란 콧수염을 그리고 있다면, 말하자면 그것의 그늘에 편안하게 앉아 있을 수 있다. 사람들은 대개 그를 큰 콧수염의 부속품으로 볼 것이다. 즉 그를 쉽게 노하고 경우에 따라서는 폭력적인 군대식의 성격을 가진 사람으로 볼 것이며 그 앞에서 이러한 판단에 따라 행동한다."[26]

26 《서광》, 381절.

나는 나 자신을 아는가?

배우로서 우리는 타인이 우리를 어떻게 보느냐에 민감할 수밖에 없다. 그래서 누군가는 자신을 너무 모르는 관객에게 화를 내며 떠나고 또 누군가는 자신을 너무 잘 아는 관객이 무서워서 떠난다.[27] 또 자신을 너무 잘 아는 관객 앞에서 그를 실망시키지 않기 위해 더 노력하는 이가 있는가 하면, 그를 두려워하고 그 앞에서 초라해진 자신을 방어하기 위해, 자신에 대한 그의 인식을 혼란에 빠뜨리기 위해 위장된 행동을 하기도 한다.[28] 그러나 정말 중요한 질문은 따로 있다. 그것은 바로 '나는 나 자신을 아는가'이다. 우리는 우리 자신에 대해 철저히 무지하고,[29] 누구보다도 우리 자신을 오독하는 존재가 아니던가.[30]

앞서 우리는 '타인'과의 관계 속에서 '연기' 문제를 살펴보았지만 이제는 '자기'와의 관계 속에서 이 문제를 생각해볼 필요

27 《서광》, 287절.

28 《서광》, 303절.

29 《서광》, 287절.
30 《서광》, 115절.

가 있다. 물론 근본적으로는 '내가 타인에게 어떻게 비치느냐'도 내 안에서 일어나는 상상이기에, 그것 역시 나에 대한 나의 이미지라고 할 수 있다. 그러나 앞서 말한 '타인에게 비친 나'가 나의 '배역' 내지 '가면'에 관한 것이었다면, 이제는 그 가면 뒤의 '나'까지 이 문제를 확장해볼 수 있다.

흥미롭게도 니체는 제4권에서 '자아'Ich와 '소유'Eigentum를 연관짓는다. 니체에 따르면, 우리의 '자아감정'Ichgefühl은 우리 자신이 소유하고 있다고 생각하는 모든 것, 자신의 보호Protection, 다시 말해 자신의 힘 아래 둘 수 있는 모든 것과 외연을 같이한다. "자아의 한계는 어디에 있는가?Wo hört das Ich auf?—사람들은 대부분 자신이 알고 있는 것을 자신의 보호 아래 둔다. 마치 그것들을 알고 있으면 그것들이 자신의 소유물이 되는 것처럼. 자아감정의 소유욕Aneignungslust에는 한계가 없다. 위대한 사람들은 마치 시대 전체가 자신의 뒤에 딸려 있고 자신들이 이 긴 몸의 머리인 것처럼 말한다. 선량한 부인들은 자신들의 아이들, 옷, 개, 의사, 도시의 아름다움을 자신의 공적으로 간주하면서도, 다만 '이 모든 것이 나입니다'라고 감히 말하지 않을 뿐이다. 이탈리아에서는 '소유하지 않는 사람은 존재하지 않는다'Chi non ha, non è고 말한다."[31]

31 《서광》, 285절.

그러니까 '나'Ich란 '내가 가진 만큼'이라는 것이다. 물론 이때 '소유'란 반드시 물질적이고 신체적인 것만을 의미하지 않는다. 281절에서 니체는 인간의 소유욕을 '기억'과 관련시키고 있다. "자아가 모든 것을 가지려고 한다는 것Das Ich will Alles haben—일반적으로 인간은 소유하기 위해서만 행동하는 것처럼 보인다. 이러한 생각은 적어도 우리가 과거의 모든 행위를 통해 어떤 것을 소유하게 된 것처럼 간주하는 언어들에 나타나 있다('나는 말했다, 싸웠다, 승리했다'는 말은 내가 지금 나의 말, 싸움, 승리를 소유하고 있다는 것이다). 이 경우 인간은 얼마나 탐욕스럽게 보이는지! 과거조차 자신한테서 떼어놓지 않으면서 계속 소유하려고까지 하는 것이다!"[32] 나는 과거에 내가 한 '말', '싸움', '승리' 등을 다른(물질적·신체적) 소유물들과 함께 내 저장고에 갖고 있는 것처럼 생각한다. 그런데 그 저장고에 대한 이미지가 바로 '나'이다.

32 《서광》, 281절.

실제로 '소유'와 '고유성'은 어근이 같다. 그래서 형용사 'eigentümlich'는 한편으로 '소유'와 '소속'을 가리키면서 또 한편 '고유성' 내지 '특성'을 뜻한다(영어 'property'도 마찬가지다). 그런데 '소유=고유성'과 연기(위장, 가면)의 문제를 함께 다루어볼 만한 테마가 니체에게는 '여성'(혹은 진리, 삶, 스타일〔문체〕)이다. 나는 이 테마를 대할 때마다 엘레나 포니아토프스카Elena Poniatowska의 아주 짧은 소설 〈시네 프라도〉를 떠올리곤 한다.※ 그것은 어느 여배우의 이미지를 사랑하던 한 남성이 그 이미지에 배반당한 후 그 이미지를 살해하는 사건(그는 스크린을 찢었다)에 대한 이야기이다. 이 소설은 내게 '연기하는'(=화장하는, 위장하는) 여성,※※ 그 여성의 이미지를 자기 식으로 소

※　이 작품은 《난 여자들이 예쁘다고 생각했는데》(생각의나무, 2002)에 수록된 짧은 소설이다.

33 《선악의 저편》, 232절.　※※※　"나는 물론 자신을 꾸미는 것을 영원히 여성적인 것에 속한다고 생각한다."[33]

유했던(즉 자기 안에 가두었던) 남성(=관객, 철학자)의 관계를 잘
보여준다.

나는 어떤 것을 소유할 수 없다

니체에게 '여성'은 남성이 그린 이미지에 따라 그것을 연기하
는 존재로 그려진다. "남자들이 여성 이미지를 만들고 여자들
이 그 이미지에 따라 자신을 만들기 때문이다."[34] 연기하는 여   34 《즐거운 지식》, 68절.
성의 첫 번째 위험은 그 이미지에 고착되는 것이다. 그가 쓴 것
은 하나의 '가면'이었지만 그것이 '얼굴'이 되고 말 때(더 이상
바꿔 쓸 가면이 없을 때) 여성은 '남성의 이미지'로서 죽음을 맞
는다. 연기하는 여성의 두 번째 위험은 그가 '남성'을 흉내 낼
때 나타난다. '남성이 그린 이미지'가 아니라 제 스스로 '독단
적으로 이미지를 그리는 남성'이 될 때 '여성'은 '남성'이 되면
서 죽음을 맞는다. 데리다의 표현을 빌리자면 이때의 여성들은
각각 '거세된 여성'과 '거세하는 여성'에 해당한다.[35]   35 J. Derrida, 김다은·황
순희 옮김, 《에쁘롱: 니체의
문체들》, 동문선, 1998,
56쪽, 88쪽.
　　그러나 '거세와 무관한 여성'도 있다. 아니 여성은 본래 거세
와 무관하다(거세는 남자의 문제이다). 니체가 생각하기에 '여성
특유의 무술'은 '계몽'이나 '교육' 반대편에 위치한다.[36] 계몽되   36 《선악의 저편》, 239절.
고 교육받은 여성은 '본능으로서의 여성'이 약화된 여성이다.
여성은 '계몽'되거나 '교육'될 수 없는 것 속에 큰 힘을 갖는다
(계몽과 교육은 남성적인 것이고 또한 독단적이거나 최소한 어설픈
것이다). 여성은 계몽과 반대편에 있는 '자연'(본성), 계몽이 완

전히 소유할 수 없는 '자연'이고 '의지'라고 할 수 있다. 그 '자연(본성)'을 통해서만이 '계몽'은 자신의 불임성("남성은, 실례되는 말이지만 '불임의 동물'이다")[37]을 넘어설 수 있다.

37 《선악의 저편》, 144절.

여성에게서 존경과 때로는 공포마저 일으키는 것, 그것은 남성의 자연보다 더 '자연적인' 그녀의 자연이며, 이러한 것으로는 진정하게 맹수같이 교활한 유연함과, 장갑 아래 숨겨진 호랑이 발톱, 이기주의의 단순함, 교육하기 어려운 속성과 내적 야성, 욕망과 덕성에서 이해하기 어려운 것, 폭넓은 것, 방황하는 것이 있다. …… 이와 같이 여러 가지 공포가 있음에도 불구하고 이 위험하고 아름다운 고양이인 '여성'에게……[38]

38 《선악의 저편》, 239절.

남성은 그 자신의 대상과 '소유' 내지 '소속'의 관계를 맺으려고 한다. 아무리 심오한 남성일지라도, 그가 남성인 한에서 그는 "아시아적 본능"을 갖고 있다. 즉 그는 "여성을 소유물로서, 열쇠를 잠가둘 수 있는 사유재산으로…… 파악할 수밖에 없다."[39] 그러나 '여성은 가두어두지 않으면 새처럼 날아가버리므로 가두어두어야 한다'(그것도 자물쇠로 꼭 채워서)는 것이 똑똑한 남성의 깨달음일 수는 있어도,[40] 여러 겹의 동물인 '고양이'로서의※ 여성이 남성에게 소유될 수 있는지는 불분명하다. 아니 불가능하다. 여성은 항상 거리Distanz를 두고 계속해서

39 《선악의 저편》, 238절.

40 《선악의 저편》, 237절.

※ "여성이야말로 온화한 겉모습을 연습하려고 해도 고양이 같아서 본질적으로 온화하지 못하다."[41]

41 《선악의 저편》, 237절.

미끄러져나가는 유령선 같은 존재이기 때문이다.[42]

오히려 여성은 남성의 성급함과 허영심을 이용한다. 이를테면 남성들은 여성을 부양하는 것으로(가부장의 책임을 떠맡는 식으로) 자신의 허영심과 명예욕을 채우려 한다. 하지만 그것을 이용할 줄 아는 여성이 더 현명하다. 남성의 허영심과 명예욕을 활용해 그를 이용하고 부려먹을 줄 아는 여성 말이다. "여성들은 종속됨으로써 압도적 장점은 물론이고 지배권도 확보하게 될 것을 안다."[43] 이들이 종속을 감내하는 것은 겸손해서가 아니다. 이는 "최고 지배자"의 "영리하고도 냉혹한 요구"이다.[44]※ 참고로 데리다는 여기서 '소유'와 '지배'의 어떤 결정불가능성을 발견했다. "여성은 줌으로써, 몸을 내맡김으로써, 소유의 지배력을 위장하고 소유의 지배력을 확실시한다."[46] 주는 것과 획득하는 것, 소유한 자와 소유당한 자의 어떤 결정불가능성이 생겨나는 것이다.

긴 우회로를 통해 우리는 '자아'와 '소유'의 어떤 결정불가능의 지점에 도착했다. 우리는 우리에 속하지만 속하지 않는, 우리가 가졌다고 믿지만 역으로 우리를 가졌을지 모를 '어떤 것'

※　니체는 철학자의 금욕주의에서 여성의 본능을 읽어내면서 '소유'와 '지배불가능성' 문제를 언급하기도 했다. 철학자에게는 "자기 안에서 자라나고 있는 모든 것에 대한 은밀한 사랑" 때문에 기꺼이 금욕을 감내하는 일종의 '모성본능'이 있다는 것이다. 철학자는 이 때문에 기꺼이 예속적 위치도 받아들인다. "철학자들의 표어는 '소유하는 자는 소유당한다'는 것이다. (그러나) 이것은 내가 되풀이해서 말하듯이, 덕에서, 만족이나 소박함을 지향하는 훌륭한 의지에서 나오는 것이 아니라, 오히려 그들의 최고 지배자가 이것을 그들에게 요구하기 때문에, 영리하고도 냉혹하게 요구하고 있기 때문에 나온 것이다."[45]

42　《즐거운 지식》, 60절.

43　《인간적인 너무나 인간적인》 I, 412절.

44　《도덕의 계보》 III, 8절.

46　J. Derrida, 김다은·황순희 옮김, 《에쁘롱: 니체의 문체들》, 동문선, 1998, 98쪽.

45　《도덕의 계보》 III, 8절.

에 대한 인식에 이른 것이다(나는 여기서 '니체'와 '철학' 사이에 제기된 '소속'과 '소유'의 문제를 다시 환기하고 싶다. 이 책 1장 참조). 우리가 가면을 벗기면(화장을 지우면, 옷을 벗기면) 볼 수 있을 것이라고 믿는 그 '어떤 것'은 결코 우리 손에 잡히지 않은 채 계속해서 도망간다. '자물쇠'를 채워 가두어두려 하지만 그것들은 좀처럼 갇히지 않는다. '사라지지 않고' '잡히지도 않으면서' 그것들은 우리를 끊임없이 유혹하고 우리를 소유하고 우리를 지배할 수 있다.

　그런데 과연 그것이 불행한 조건인가. 그것이 고통스러운 일인가. 자신이 아무것도 제대로 소유할 수 없다는 것을 알았을 때, 다시 말해 자신의 고유성이 불가능하다는 것을 알았을 때, 그것은 고통스러운 일인가. 그렇다면 그는 사랑을 할 수 없을 것이다. 그 대신에 스스로 절망해 세계 또한 멸망으로 이끄는 파괴자가 될 것이다. "'세계가 모두 멸망해버려라!' 이 혐오스러운 감정은 최대의 시기심에서 비롯되는 것으로, 이렇게 추론한다. '나는 어떤 것을 소유할 수 없다. 따라서 전 세계는 아무것도 가져서는 안 된다! 전 세계는 무無여야 한다!'"[47]

47 《서광》, 304절.

3

철저한 배우

—오디세우스의 경우

진정한 얼굴이 가면 뒤에 있다고 믿는 한, 다시 말해 우리의 본래적 고유성과 소유를 믿는 한, 우리의 연기, 우리의 가면은 '가짜'이고 '거짓'일 수밖에 없다. 그때 배우로서 우리는 기껏해야 '모방하는 원숭이'일 뿐이다.[48] 그때 '연극'은 정말로 '연극'이 되고 만다. 개인에게 연기는 일종의 자기기만 예술이며,[49] 민족에게는 쇠퇴의 징후이다. "어떤 민족의 상상력Phantasie이 쇠퇴할 경우, 이 민족에게는 자신의 전설을 무대에서 상연하고자 하는 성향이 생긴다. 이제 이 민족은 상상력의 조잡한 대용물을 감수하는 것이다." 그러나 "서사시를 음송했던 저 시대는 극장과 영웅으로 분장한 배우를…… 방해"물로 간주했다.[50]

연극과 배우, 더 나아가 예술의 나쁜 이미지는 우리가 그것

48 《서광》, 324절.

49 《서광》, 297절.

50 《서광》, 265절.

언더그라운드 니체

을 단순한 '위장'이나 '꾸미기'로 간주할 때 생겨난다. 어정쩡한 배우, 그저 하나의 '가면'을 들고 다닐 뿐인 배우는 겨우 자기 '결점'을 가리는 데 자신의 연기를 이용한다. 누군가 그 결점을 '자연스럽'고 말해주면 그는 크게 기뻐할 것이다.[51] '꾸밈'이 '꾸밈' 같지 않고 '자연스러' 웠기에. '자연스럽다'는 것은 아마도 연기하는 자의 최고 희망일 것이다. 연기가 들통나지 않는 연기. 배우들이, 예술가들이 가장 두려워하는 눈은 바로 "그들의 작은 기만을 꿰뚫어보는 눈"이다.[52] 그 눈은 예술가들이 '천진한 자기향유'를 하는지 아니면 '효과를 일으키는 것'에 신경 쓰는지를 간파한다.

51 《서광》, 337절.

52 《서광》, 223절.

삶의 예술화

연기자는 자신의 결점에 다양한 '가면을 씌우면서' 거기서 하나의 캐릭터Charakter를 만들어낼 수도 있다. "엄격한 덕을 통해, 음울한 시선을 통해, 인간들과 삶에 대해 습득된 불신을 통해, 노골적인 익살을 통해, 보다 세련된 생활방식에 대한 경멸을 통해, 격정과 요구를 통해, 냉소적인 철학을 통해. 참으로 그는 자신의 결함을 끊임없이 의식함으로써 하나의 캐릭터가 된다."[53]

53 《서광》, 266절.

사실 예술은 속임수의 기교가 아니다. 설령 예술가가 위장이나 거짓을 이용한다 하더라도 그것은 죄와 무관한 어떤 무구함 때문이다. 예술은 위장하거나 은폐한다기보다 변형시킨다. 어띤 결점이 있을 때 예술가의 역량은 그것을 가리고 속이는 데 있는 것이 아니라, 사람들을 자신의 힘과 덕으로 인도하는 통로로서 그것을 변형시키는 데 있다. "위대한 예술가들은 매우 두드러지게 그런 힘을 갖고 있었다." 베토벤 음악에는 거칠고 초조한 음색이, 모차르트 음악에는 정신이 참고 견뎌내야 하는 우직한 패거리의 쾌활함이, 바그너에게는 집요하게 밀려오는 불안이 있다. 그런데 "그들은 모두 그들의 약점을 통해 그들의 덕에 대한 갈망과, 정신과 아름다움과 선의의 그 모든 울림에 대한 열 배나 민감한 혀를 우리에게 주었던 것이다."[54]

54 《서광》, 218절.

예술은 배후에 진정한 '존재'Sein를 둔 일종의 '가상'Schein으로 존재하는 한 '도덕'의 추궁으로부터 자유로울 수 없다. 그러나 예술이 우리에게 선사할 수 있는 귀중한 선물 하나는 우리의 삶이 '무구하다'는 사실을 알려주는 것이다. "우리 시대의 음악가들은 위대한 발견을 했다. 즉 그들은 흥미로운 추함을 표현하는 것이 예술에서도 가능하다는 사실을 발견했다." 설령 음악가 자신들은 인식하지 못하더라도 이것은 "내면적 인간의 나쁜 행위와 이 행위의 무구함을 포착할" 소중한 기회를 우리에게 제공했다.[55]

55 《서광》, 239절.

그러므로 세익스피어의 연극을 보고 거기에 도덕적 효과가 있다고 생각한 사람들(〈맥베스〉를 본 사람들은 공명심이라는 악덕을 멀리하게 될 것이라고 생각하는 사람들)은 크게 착각하는 것이다. 더욱이 세익스피어가 자신들처럼 생각한다고 믿는다면 그것은 더 큰 착각이다. 니체는 이렇게 말한다.

죄나 죄로 인해 생긴 좋지 못한 결과가 셰익스피어나 (아이아
스, 필록테테스, 오이디푸스의) 소포클레스 같은 시인들에게는 중
요하지 않다. 앞서 언급된 경우들에서 죄를 연극의 지렛대로 삼
는 것이 상당히 쉬웠을지라도 그들은 분명히 그것을 피했을 것
이다. 마찬가지로 비극 시인은 인생에 대한 자신들의 상을 통해
삶에서 등을 돌리려 하지 않는다! 그는 오히려 이렇게 부르짖는
다. "이렇게 자극적이고 변덕스럽고 위험하고 음울하며 자주 태
양처럼 작열하는 존재는 최고의 매력이다! 산다는 것, 그것은
모험이다. 네가 살고 있는 이상 네가 어느 편에 서도 삶은 항상
모험이라는 성격을 온전히 보존할 것이다."[56]

56 《서광》, 240절.

단지 '속는 것'에 만족하는 관객, 거기에 손뼉을 치는 관객은
예술과 예술가를 타락시킨다.[57] 예술의 양심이란 '선함'에 있는
것이 아니라 '무구함'에 있다. 예술은 '죄인'과 '사형집행인'을
추방함으로써 자기 양심을 회복한다.[58] 예술은 '죄'도 '벌'도 아
니다. 예술은 우리로 하여금 '아이처럼', 궁극적 의미로부터 자
기 행위의 무구함을 되찾게 한다.[59] 배후에는 아무것도 없다는
것, 그렇다고 지금 쓴 '가면'이 진짜라고 믿는 순진함에서도 벗
어나는 것. 한마디로 예술은 배후에 '존재'를 둔 '가상'이 아니
다. 예술에는 '존재'도 '가상'도 없다. 예술은 존재의 '은폐' 내
지 '위장'에 있는 것이 아니라, 존재의 변형, '존재'의 '생성'으
로의 무한한 근접에 있다. 철저한 배우가 '분장'을 할 때 그는
얼굴을 가리는 게 아니라 얼굴을 변형시키는 것이다. 예술은
한마디로 '생성'이고 '되기'라고 할 수 있다.

57 《서광》, 255절.

58 《서광》, 208절, 255절.

59 《서광》, 280절.

좋은 배우란 누구인가

나쁜 배우와 좋은 배우가 여기서 갈린다. 나쁜 배우는 존재를 배후에 두고 가상을 연기한다. 그러나 좋은 배우는 존재와 가상의 대립을 해체한다. 《차라투스트라》에서 '거짓 불개'나 '마법사'가 나쁜 배우의 대표적인 이미지이다. '거짓 불개'는 '심연'에 사는 척하지만 그의 말("짜디짠 바닷물 냄새가 나는 웅변")은 그가 사실 '표면'에서 살고 있고 다만 '심연'을 연기하고 있음을 보여준다. '거짓 불개'는 울부짖고, 연기를 피우며, 재를 뿌려 세상을 어두컴컴하게 만들 줄도 알지만 결국에는 '술법에 능한' '요란한 허풍쟁이'에 불과하다.[60]

60 《차라투스트라는 이렇게 말했다》, 크나큰 사건에 대하여.

《차라투스트라》에 나오는 '보다 높은 인간들' 중의 하나인 '마법사'도 마찬가지다. 그는 '배우'이다. 그는 스스로 '연기자'를 자처한다. 차라투스트라는 그를 '날조자', '거짓말쟁이', '투철한 배우'라 부른다. 그러나 차라투스트라는 단지 '거짓'을 행했다는 점에서 그를 비난하지 않는다. 오히려 그는 마술사가 "충분히 진실하지도, 충분히 거짓스럽지도 않다"고 비난한다. 마술사는 "언제나 이중, 삼중, 사중, 오중의 존재로서 다의적"이지만 정작 자기 자신은 속이지 않는다.[61] 결국 그는 하나의 진리를 자기에게 남겨둠으로써 자신의 일을 '이중, 삼중, 사중, 오중의' 거짓으로 만들었다. 그는 한마디로 가짜다.

61 《차라투스트라는 이렇게 말했다》, 마법사.

나쁜 배우는 도덕적으로 말할 때는 물론이고 도덕을 비난하고 비아냥댈 때에도 거짓을 말하고 행한다. 그것이 그들의 피상성이다. 니체는 심층의 '존재'에 대한 비판이 결코 표면의

'가상'에 대한 옹호로 읽히지 않도록 주의한다.《우상의 황혼》의 다음 구절을 보라. "우리는 참된 세계를 없애버렸다: 어떤 세계가 남는가? 가상세계? …… 천만에! 참된 세계와 함께 우리는 가상세계도 없애버린 것이다!"[62] 나쁜 배우가 뭔가 참된 것을 연기한다고 주장할 때, '존재'를 드러낸다는 그의 '외관'(가상), 그가 벌이는 '쇼'Schau는 한마디로 가짜에 가짜를 더하는 것, '흙덩이 위의 흙덩이'일 뿐이다.

62 《우상의 황혼》, 어떻게 '참된' 세계가 결국 우화가 되어버렸는지.

그들은 심연을 다녀온다는 것의 의미를 알지 못한다. '거짓 불개'는 '진짜 불개'가 어떤 존재인지를 모른다. "정녕 그대들은 다른 생각을 가진 우리가 순전히 어리석음 때문에 자신이 사막, 늪지, 빙산을 탐험하고 기둥 위에서 고행하는 사람처럼 자신에 대한 고통과 역겨움을 자발적으로 선택한다고 믿는가?"[63]

63 《서광》, 343절.

64 《서광》, 306절.

그렇다면 좋은 배우란 누구인가. 니체는 오디세우스를 한 예로 들고 있다.[64] 오디세우스는 '거짓말하는 능력'이 탁월하며, 그때그때 상황에 따라 필요한 존재로 돌변한다. 이때 오디세우스의 거짓말과 변신은 그 자신에 대한 은폐가 아니라 드러냄이다. 참된 그가 따로 있는 것이 아니라, 거짓과 변신의 귀재인 그가 바로 누구와도 혼동될 수 없는 참된 그이다. "필요하다면 가장 고귀한 사람보다 더 고귀하게 보일 수 있는 능력, 자신이 원하는 것이 될 수 있는 능력, 영웅적인 집요함, 모든 수단을 뜻대로 사용할 수 있는 것", 그런 그의 재기에 신들은 경탄했다. 그에게서 "가장 주목할 만한 점은 '가상들'과 '존재'의 대립이 전혀 느껴지지 않는다는 것"이다. 따라서 그는 "윤리적으로도 평가되지 않는다." 그의 예술, 그의 거짓, 그의 변신은 도덕을 넘어선 무구함을 보여준다. "일찍이 그렇게 철저한 배우가 있었는가!"[65]

65 《서광》, 306절.

게다가 좋은 배우는 관객까지 배려한다. 우리는 앞 장에서 '죄'를 연기하는 기독교적 배우와 '잔혹함'을 통해 신에게 볼거리를 상연했던 그리스적 배우를 대비해보았다. 나쁜 배우는 목격자를 비참하게 만듦으로써 그에게 복수한다(다시 《차라투스트라》의 예를 들면 '가장 추악한 인간'이 그렇다. 그는 자신의 못난 모습을 보게 함으로써 목격자인 신을 살해했다). 그러나 "〔자신의 연기를 보고〕 관객이 가슴을 치고 자신을 비참하고 비소하게 느끼게 되는 것을 상상하는 즐거움 때문에 자신을 애절하게 보일 수 있는 어떤 기회도 놓치지 않는 것은 심히 천박한 습관일 수 있다. 따라서 애절한 상태를 조롱하거나 그러한 상태에서 품위에 어울리지 않게 행동하는 것은 오히려 고귀한 마음의 표시일 수 있다."[66]

66 《서광》, 386절.

4

너는 너 자신이 되어야 한다

—순수 특이성에 이르기까지

우리는 이제 존재의 '변형' 내지 '생성'에 이르렀다. 계보학의 목표가 결국 자기인식에 이르는 것이듯[※] 예술의 목표는 자기생성의 체험에 있을 것이다. 나는 언뜻 '인종주의' 냄새를 풍기는 위험한 제목('종족의 정화'〔인종의 순수화〕Die Reinigung der Rasse)을 단 272절을 이런 맥락에서 읽었다. 나는 이 아포리즘을, '그리스인은 어떻게 그리스인이 되었는가', 다시 말해 그리스인이 어떻게 그 순수 '특이성'singularity, 그 '유일무이함'uniqueness에 이르게 되었는지에 관한 그리스인들의 예술적 자기생성의 이야기로 읽었다.

---

67 M. Foucault, "Nietzsche, Freud, Marx", 정일준 편역, 《자유를 향한 참을 수 없는 열망》, 새물결, 1999, 35쪽.

[※]   《도덕의 계보》 서문은 "우리는 자기 자신을 알지 못한다"라는 첫 문장으로 시작한다. 계보학은 결국 자기 자신에 대한 인식에 이르는 일이다. 이 점에서 참고할 만한 푸코의 언급은 이것이다. "해석은 항상 자기 자신을 해석해야 하고 결국 자기 자신에게 돌아올 수밖에 없다."[67]

이제는 새삼스러울 것도 없는 이야기지만 니체는 인종주의로 읽힐 수 있는 언급을 많이 했다. 종족(인종)을 순수하게 만들어야 한다는 272절이나, "인간은 일이 잘못되었을 때 잘못된 문장을 삭제하듯 자기 자신을 삭제할 수 있는 유일한 피조물이다"라고 말하는 274절도 그런 예 중의 하나일 것이다. 우리가 해석 없이 니체가 쓴 기호들을 그대로 제시한다면, 이런 문장은 니체를 극악한 '인종주의자'로 기소하는 데 충분한 증거물이 될 것이다.

하지만 누차 말하듯이 니체는 대단한 상징주의자이며 자신의 독자를 까다롭게 고르는 문체를 가진 사람이다. 그래서 니체가 스스로에 대해 "나는 나쁜 피는 한 방울도 섞이지 않고 독일 피는 거의 섞여 있지 않은 폴란드 정통 귀족이다"라고 말했을 때, 우리는 그의 부모가 '독일인'이 아닌 '폴란드인'일 것이라고 생각해서는 안 된다. 여기서 그가 말한 '피'는 친족구조를 밝힐 때 쓰는 그 피가 아니다. 차라리 그것은 시대와 민족을 넘어서 '격세유전'되는 어떤 정신이다.※ 그래서 그는 "지상에 존재했던 것 중에서 가장 고귀한 이 혈통을, 내가 보여주는 것처럼 그 순수한 본능을 대중 속에서 발견하려면, 몇 세기를 거슬러 올라가야 할 것"이라며, "내가 알고 있지는 못하지만 율

※ 이는 니체가 자신은 '피'로 쓴 글만을 사랑한다고 했을 때도 마찬가지다. 우리 일상어법에도 있지 않은가. '심혈'을 기울인다고. "모든 글 중에서 누군가가 그 자신의 피로 쓴 것만을 나는 사랑한다. 피로 쓰거라. 그러면 피가 곧 정신임을 알게 되리라. 타인의 피를 이해하기란 쉬운 노릇이 아니거니, 나는 한적하게 글 읽는 자들을 증오한다."68

68 《차라투스트라는 이렇게 말했다》, 읽기와 쓰기에 대하여.

69 《이 사람을 보라》, 나는
왜 이렇게 현명한지, 3절.

리우스 카이사르가 내 아버지일 수도 있을 것이다. 아니면 알
렉산더, 이 육화된 디오니소스가……"라고 말한다.[69]

우리가 272절의 제목을 '순수 인종'에 대한 인종주의의 꿈이
라고 읽는다면 우리는 니체가 자기 과제를 '여러 민족을 엮는
것'에 둔 것을 도무지 이해할 수 없을 것이다. 니체는 당시 득
세하던 독일의 인종주의와 민족주의를 비난하며 이렇게 말했
다. "(독일인들은) …… 지금의 비할 바 없는 반문화적 병증과
비이성에, 유럽을 병들게 한 국가적 노이로제인 민족주의에,
유럽의 소국 분립과 작은 정치의 영구화에 대한 책임이 있다:
독일인들은 유럽의 의미를 없애버리고 유럽의 이성마저 없애
버렸다. 그들은 유럽을 막다른 골목으로 몰고 갔다. 이 막다른
골목에서 나오는 길을 나 외에 누가 알고 있는가? 여러 민족을
다시 엮는다는 과제는 충분히 위대하지 않은가?"[70]

70 《이 사람을 보라》, 나는
왜 이렇게 좋은 책들을 쓰
는지-바그너의 경우, 2절.

니체가 272절에서 '종족'(인종 Rasse)이라는 말을 썼을 때 그것
은 어떤 '본래성'을 가리키지 않는다. "순수한 종족은 없고 순
수하게 된 종족만이 존재할 것"이라는 말이 그것을 말해준다.
'순수한 인종'이란 주어진 존재에 관한 이야기가 아니다. 순수
성은 끊임없는 시도의 결과("수많은 적응과 흡수 그리고 분리의
최종 결과")이다. 나는 여기서 '순수성'을, 앞서 니체가 근대인
을 가리켜 비판했던 '잡식성'(특이성 없음, 취향 없음)과 대비해
서 이해한다. 기묘하게도 여기서 니체가 말한 '순수성'은 이질
적인 것들을 솎아내는 것이 아니라 유기적으로 엮어낼 수 있을
때(처음에는 조화되지 않은 성질들, 그래서 많은 에너지를 소모한 그
런 투쟁들이 조화를 이루며 통일성을 갖게 되었을 때) 달성되는 특

이적(유일무이한singular) 아름다움이다. 이를테면 자기 자신을 조각했던 그리스인들의 예술적 역량〔능력〕은 그렇게 '그리스적인 것'이라는 순수 특이성을 만들어낸 것이다. 그리스인은 이를 통해 다른 누구와도 혼동될 수 없는 그리스인이 될 수 있었다.

니체는 272절의 마지막에 "순수하게 유럽적인 종족〔인종〕과 문화 역시 언젠가는 성취되기를 희망한다"고 썼다. '그리스적인 것'의 생성이 '그리스 인종주의'를 말하는 게 아니듯, '순수하게 유럽적인 종족〔인종〕과 문화'도 배타적 유럽(중심)주의를 의미하지 않는다. 이것은 우리가 방금 전에 보았던, 니체가 《이 사람을 보라》Ecce Homo에서 언급했던, 오히려 독일의 인종주의가 그 조건을 악화시켰던, '유럽의 여러 민족을 엮는 과제'가 아니고 무엇이겠는가. 어떻게 하면 예술적 역량을 발휘해 여러 민족을 질료로 특이적 유럽을 만들어내는 데 성공할수 있을까. 니체는 그것을 '위대한 정치'라고 불렀다. 이것은 니체의 일관된 주장이다. 그는 '너는 네 자신이 되어야 한다'Du sollst die werden, die du bist고 했던 사람이다.※ 우리는 이것이 또한

※ 니체는 '너는 네 자신이 되어야 한다'는 표현을 곧잘 사용했다. 《차라투스트라》에서는 스스로를 "일찍이 적절하게도 '네 자신이 되어라'Werde, der du bist라고 말한 바 있는 인도자이자 양육자, 훈계자"로 칭했고,[71] 《인간적인 너무나 인간적인》에서는 '저마다 타고난 재능에도 불구하고' 소수만이 '실제로 하나의 재능 있는 사람', 즉 "그 자신이 되는 것"er wird, was er ist이라고 했다.[72] 《인간적인 너무나 인간적인》 II권 서문에서는 니체 자신의 저서가 곧 "자신이 극복해온 것"들이며, 거기서 바로 "가장 독자적인 '나'"를 볼 수 있다고 했다.[73] 무엇보다 니체는 《이 사람을 보라》의 부제를, '사람은 어떻게 그 자신이 되는가'Wie Man wird, was Man ist로 달았다. 니체의 철학은 결국 가장 독특한 존재로서 자신에 대한 예술적 '생성'이자 그것에 대한 인식이라 할 수 있다.

71 《차라투스트라는 이렇게 말했다》, 꿀 봉납.

72 《인간적인 너무나 인간적인》 I, 263절.

73 《인간적인 너무나 인간적인》 II, 서문.

'그리스인은 그리스인이 되어야 한다', 그리고 '유럽은 유럽이 되어야 한다'는 식의 생각으로 이어질 수 있다고 본다. 우리 자신이 된다는 것은 우리에게 부여된 가장 위대한 예술적 사명이다.

제 6 장

정신의 비행사

출산은 언제나 임신을 우회한다. 시간으로 하여금 얼마간 품어달라고 하라. 기다림 없이 태어나는 것들은 죽은 채 태어나거나 태어나지 못한 채 죽는다. 우리 안에 자라는 것들을 돌보는 시간, 그 것이 철학하는 시간이다. 철학은 삶의 정신적 우회이며 임신이다. 니체는 말했다. 철학은 부드러 운 태양과 밝고 생동하는 대기, 바다의 숨결, 가벼운 식사, 따뜻한 음료, 조용한 산책, 신중한 독 서, 청결하고 질박하며 거의 군인 같은 생활습관의 정신적 번역이라고. 철학은 우리에게 좋은 것 들, 우리의 건강을 정신의 우회를 통해 추구하는 본능이라고. 그렇다면 왜 우리의 삶은 이런 우회 를 필요로 하는가. 왜 그것은 철학을 에둘러 가는가. 왜 그것은 고독과 침묵에서 잠시 맴도는가. 아마도 다시 태어나고 싶기 때문일 것이다.

I

침묵으로 하는 말

이제 우리는 《서광》의 마지막 권에 이르렀다. 나는 여기서 다시 이 책 '서문'의 자리로 돌아가보려고 한다. 니체는 서문의 첫 아포리즘을 어두운 지하에서 침묵하며 홀로 지냈던 이로부터 시작했다. 대지에 의해 삼켜져 대지의 목소리를 전하는 '트로포니오스Trophonios 같은 이 지하의 인간'은 칠흑 같은 밤을 침묵 속에서 홀로 보낸 뒤, 아침이 밝아오자 충혈된 눈으로 자신이 지나온 밤에 대해 말했다. 니체는 마지막 권에 이르러 이 침묵과 고독의 시간, 즉 새로운 하나의 말을 토해내기 위해 그것을 자기 안에 잉태하고 출산하기까지의 시간에 대해 다시 생각하게 한다.

바다 건너기

제5권 첫 아포리즘의 장소는 '바다'다. 바다는 무엇보다 도시의 소음에서 멀리 떨어진 곳이다. "아베마리아를 시끄럽게 울리고 있는" 도시에서 먼 곳, 바다.[1] 거기서는 하늘도, 절벽과 바위들도 모두 '무언극', 즉 침묵으로만 말한다. 그곳은 '아름답고 소름끼치'지만 '가슴은 충만해지는' 곳이다. 우리 역시 거기서 침묵해야 한다. 말도 사유도 중단해야 한다("말하는 것뿐만 아니라 사유하는 것이 내게 가증스러운 것이 된다").[2] 우리에게 친숙했던 말과 사유가 중단될 때만 '새로운 진리'가 우리에게 말을 걸어온다. 심지어 바다는 우리 "인간에게 인간이기를 그칠 것"까지 가르친다. 우리는 아직 이 새로운 진리의 내용에 대해서는 잘 모른다. 추측건대 그것은 니체의 이후 저작들에서 모습을 드러내는 '인간의 죽음'(신의 죽음, 위버멘쉬)과 '영원회귀'에 대한 것이 아닐까. 그러나 지금 곧바로 거기에 달려갈 필요는 없다. 아니 우리는 거기 이르기 위해 필요한 '에움길'Umweg, 우리에게 반드시 필요한 침묵과 고독의 시간에 대해 먼저 생각해야 한다. 니체는 제5권의 마지막 아포리즘에서 "사유의 경계석"을 옮기려는 '정신의 비행사'들은 모두 이 바다를 건너야 한다고 말하고 있다.[3]

철학자 혹은 사상가가 '바다'로 떠날 때, 다시 말해 세상과 거리를 두려고 할 때, 그는 결코 세상을 버리기 위해서 그러는 것이 아니다. 그가 사색의 생활로 들어가는 것은 "실천적 생활을 참고 견디는 것이 포기, 우울, 자기 자신의 몰락"이 될 것임을 예감하기 때문이다. "세상을 모르면서 세상을 버리는 것은

1 《서광》, 423절.

2 《서광》, 423절.

3 《서광》, 575절.

무익하고 어쩌면 우울을 낳지만" 철학자는 세상일을 알고 또
한 자기 자신을 알기에 이전의 생활을 버리는 것이다.[4]

4 《서광》, 440절.

물론 우리 주변의 많은 철학자에게는 이런 '거리두기' 내지
'떠남'이 현실 도피에 지나지 않고, 기껏해야 인식의 최적 조
건을 찾으려는 이기주의에서 나온 것이라 할 수 있다. 정작 중
요한 떠남은 '실천적 생활'로부터 '사변적 생활'로의 떠남이 아
니다. 사상가로서 중요한 '떠남'은 일종의 '천성'에 가깝도록
익숙해진 하나의 사상으로부터의 떠남일 것이다. 일상의 실천
이 사색에 방해된다는 이유로 떠나는 것은 인식하는 자의 작은
이기주의에 불과하다. 정말로 철학자 내지 사상가를 못 견디게
하는 것, 그들에게 치명적으로 해로운 것은 "자신의 본성에 역
행해서 사유하도록 강제된 것"이다. "자신의 내면에서 우러나
오는 사상을 따르지 않고 하나의 직책, 규정된 시간의 구분, 자
의적인 종류의 근면이 의무로 강요되는 사상"을 따른다면,※ 사

※   니체가 '철학노동자'라 부르는 철학자들이 여기에 해당할 것이다. 철학노동
자는 가치의 평가와 창조보다는 가치의 내면화에 종사하는 '어용 철학자'이다. "자
세히 들여다보면, 국가가 철학을 위해 몇몇 사람에게 베풀어주는 저 '자유'는 자유가
아니라 자기 사람을 기르기 위한 관직이다. 철학의 요구는 다시 말해 적어도 오늘날
몇 사람이라도 철학으로 살 수 있도록, 그들이 철학으로 밥벌이를 할 수 있도록 국가
가 나서달라는 것이다". "나는 국가에 대해 철학이 현재 너무 많이 양보하고 있다는
말을 덧붙이고자 한다. 첫째, 국가는 자신의 철학적 하인을 직접, 자기 기관에 필요
한 만큼 선발한다. …… 둘째, 국가는 자신이 선발한 사람들이 어느 특정한 장소에
머무르고, 어떤 특정한 사람들 밑에서 어떤 특정한 활동을 할 것을 강요한다. 그들은
의욕 있는 대학생들에게 수업을 해야 하는데, 그것도 정해진 시간에 매일 강의를 해
야 한다. …… 그러나 사람들은 이렇게 따질 것이다. 그가 사상가가 될 필요는 없으
며, 기껏해야 따라 생각하는 사람, 무엇에 관해 생각하는 사람, 무엇보다 과거의 모
든 사상가를 학문적으로 알고 있는 사람이면 된다고."[5]

5 《반시대적 고찰》, 교육
자로서의 쇼펜하우어, 8절.

6 《서광》, 500절.

유의 타락 이전에 생리학적으로 그들 신경의 힘이 완전히 파괴될 것이다.[6]

우리가 고독을 '떠남'이라고 했을 때 그것은 무엇으로부터의 '떠남'일까. 일단 고독은 현재로부터, 자기 시대로부터의 떠남이다. 506절에서 니체는 '좋은 작품'이란 그것을 산출한 시대로부터 떠나는 것에 있다고 말한다. 그는 그것을 '시대의 축축한 공기'를 말리는 일에 빗대어 이렇게 말했다. "그대들은 새롭고 좋은 어떤 작품이라도 그것이 그 시대의 축축한 공기 속에 존재하는 한, 그것에 시장과 적대 세력, 최신의 의견 그리고 내일은 생각할 수도 없는 모든 무상한 것의 냄새가 너무나 많이 배어들어 있기 때문에 가장 적은 가치를 소유하게 된다는 사실을 깨닫지 못했는가? 나중에 작품은 건조해지고 '시대성'은 사멸한다. 그때에야 비로소 그것은 시원한 빛과 좋은 냄새뿐만 아니라, 만일 그것이 영원의 조용한 눈을 추구하고 있었다면 그 눈 역시 얻게 된다."[9]

9 《서광》, 506절.

시대의 습기를 말리는 일을 우리는 니체의 표현을 따라 현재의 '색이 바래는' 일이라 말할 수도 있을 것이다. 우리의 시선이 미치는 시간과 공간이 넓어질수록 "지금 현재에 존재하는 것은 더욱 색이 바래고", 우리와 '가장 가까운 사람들'은 우리로부터

7 《반시대적 고찰》, 삶에 대한 역사의 이로움과 해로움, 6절.
8 박찬국 옮김, 《유고 (1882년 7월~1883/84년 겨울)》, 책세상, 2001, 4(65).

※ 니체는 《반시대적 고찰》에서도 비슷한 언급을 했다. "그대들이 전기를 구한다면 '모씨와 그의 시대'라는 통상적인 제목이 붙은 전기가 아니라, 속표지에 '그의 시대를 거스르는 투사'라고 쓰일 수밖에 없는 전기를 구하라."[7] 그런데 니체는 시대의 '적대'조차 충분한 말이 아니라고 생각한다. "네가 아직도 적대받는 한 너는 너의 시대를 넘어서지 못한 것이다. 너의 시대가 너를 전혀 알아볼 수 없어야 한다."[8]

멀어질 것이다.[10] 우리는 사상의 성장을 가로막는 '담쟁이와 포도덩굴'에서 벗어나야 한다.[11] 우리가 고독해진다는 것은 현재로부터 떠나면서 또한 이웃들로부터 떠난다는 의미이다.

니체는 여기서 특히 민족주의적 열광에 도취된 독일 대중을 떠올리지 않았을까 싶다. 정열로 모든 의심과 학문, 비판, 이성을 잠재우려 하고, '역사가 자신들을 위해 증언하도록 역사를 왜곡'해야 하는 사람들, 정열을 진리의 논거인 양 제시하고 끝내는 그것을 하나의 양심이자 무구함으로 믿어버리는 사람들로부터 니체는 떠난다. "이 순간에 그대들은 투쟁, 도취, 분노, 희망 속에서 망아의 상태에 빠져 모든 의심을 넘어선다. 이 순간에 그대들은 그대들처럼 망아의 상태에 있지 않은 사람은 진리가 무엇이고 어디에 있는지 전혀 알지 못한다고 선포한다. 그대들은 이러한 상태에서—그것은 지성이 타락한 상태다—그대들과 동일한 믿음을 갖는 인간들을 발견하기를 얼마나 갈망하는지, 그리고 그들의 화염으로 그대들의 불꽃을 점화하기를 얼마나 갈망하는지!"[12] 물론 이 성향은 이성이나 논리에 강하게 반발하며 '내적 감각'이나 '지적 직관'을 더 중시했던 당대의 철학 성향과도 관련된 것이다. 사람들은 이런 철학 아래서 자신을 어떤 초자연적 마력을 가진 존재로, 어떤 불가사의한 특권, 어떤 '예술적 본성'의 소유자로 생각한다. 한마디로 "그들이 원하는 것은 종교다!"[13]

10 《서광》, 441절.

11 《서광》, 503절.

12 《서광》, 543절.

13 《서광》, 544절.

나 자신으로부터 떠나기

니체의 '고독'을 하나의 '떠남'으로 이해했을 때 이제 최종적인 떠남이 남았다. 그것은 바로 우리 자신으로부터 떠나는 것이다. 니체의 고독은 현재(시간)와 주변세계(공간)로부터 떠남이자 결국에는 우리 자신에 대한 규정, 즉 인간적인 것(주체)으로부터의 떠남이다. 니체에게 인간은 자기 자신의 장애물이자 한계이다. "인간은 왜 사물들을 보지 못하는가? 인간 자신이 방해가 되기 때문이다. 그는 사물들을 은폐한다."[14] 인간은 인식하지만 '인간으로서' 인식한다. 인간은 사물들을 바라보지만 자신의 눈을 통해서 바라볼 뿐이다. "모든 인식의 끝에서 인류는 무엇을 인식할까? 그들의 기관이다. 그리고 이는 아마 인식이 불가능함을 의미한다."[15] 게다가 인간의 고통은 많은 경우 인간 자신의 도덕에서 나온다. 즉 "인간은 자신들의 도덕 때문에 괴로워하는 동물이 되었다."[16] 특히 세계가 인간을 위해 존재한다고 생각하는 '인간중심주의'는 인간이 좀처럼 벗어나기 힘든 질병이다. 그들은 도덕으로 고통스러워할 때조차 오만하다. 자신들이 세계의 너무나 중요한 존재라는 사실로서 자신이 겪고 있는 고통을 받아들이거나, 그 사실을 고통에 대한 진통제로 받아들인다. 과연 인간이 다르게 감각하고 다르게 인식하고 그래서 다른 존재가 될 수 있을까.

　고독을 택하는 일은 스스로를 '악인'으로 자처하는 일이 될 것이다. 아니, 사회도덕의 '프로크루스테스 침대'에 드러누워야 했던 많은 이, 사람들이 도처에서 가면을 쓴 채 지낸다는 것

14 《서광》, 438절.

15 《서광》, 483절.

16 《서광》, 425절.

을 알게 된 이는 고독 속에서 아름다움을 발견하고, 기꺼이 고독 속으로 걸어 들어가려 할 것이다. 그래서 우리는 도덕의 위선적 가면을 쓰지 않아도 되는 '고독' 속에서 가장 악할 것이고 또한 가장 탁월하고 아름답게 악할 것이다.[17] 어쩌면 기꺼이 악을 떠맡는 것이야말로 위대한 일일지도 모르겠다. 그리스의 위대한 신들은 기꺼이 '죄를 떠맡았고',[18] 헤라클레스는 악취 나는 아우기아스의 외양간 청소를 자신이 수행해야 할 위대한 일 중 하나로 부여받지 않았던가.[19]

고독은 이처럼 하나의 '떠남'이지만 달리 보면 다른 방식의 '돌아감'이기도 하다. 고독 속에서 우리는 신경을 파괴하는 사회의 소란스러움으로부터 자기 자신을 지킬 수 있다. 그뿐 아니라 무엇보다 우리 자신과 대화를 나눌 소중한 기회를 갖게 된다. 이때 우리는 그 누구보다도 우리 자신에게 예의를 지켜야 한다. 정말이지 우리는 우리 자신을 배려하는 법을 모른다. "고독한 사람들에게—우리가 다른 인간들의 명예를 공적인 장소에서 존중하는 것처럼 자신과 대화하는 경우에 존중하지 않는다면, 우리는 무례한 자들이다."[20] 니체는 자기에 대한 배려와 예의를 통해 타인에 대한 배려로 나아간다. 고독 속에서 우리는 주변의 타인들과 사물들에게 다르게 다가갈 기회를 얻는다. 고독은 사물들을 제대로 사유하도록 돕는다. "사물들에 대해 제대로 사유하기 위해 내게는 멀리 거리를 두고 보는 것이 필요"하다.[21]

니체의 고독 속에서 나는 임신한 자의 몸가짐을 본다. 신체가 아주 민감해지면서, 평소라면 아무렇지 않았을 일에 큰 역

17 《서광》, 499절.

18 《도덕의 계보》 II, 23절.

19 《서광》, 430절.

20 《서광》, 569절.

21 《서광》, 485절.

22 《서광》, 483절.

겨움과 구토를 느끼는 것("인간에 대한 역겨움"[22]). 그것은 자기 안에 새로운 뭔가가 자라고 있다는 임신의 징후일 수 있다. 고독한 자는 몸을 조심스럽게 다루어야 한다. 말을 함부로 하지 말아야 하고 음식을 가려 먹어야 한다. 무엇보다 자신의 생활 습관을 완전히 바꾸어야 한다. 이는 뭔가 피하고 떠나는 일이지만 다른 한편으로는 돌보고 가꾸는 일이다. 자기 안에서 새로운 진리가 건강하게 자랄 수 있도록.

그러나 임신부에게는 '아기가 순조롭게 세상에 나오도록 준비할' 의무만 있는 게 아니다. 그에게는 절대적 권리가 있다. 임신한 철학자의 절대적 권리! 임신한 이가 별스럽게 행동한다 해도 이해해줘야 한다. "임신한 사람들은 기묘하다wunderlich! 따라서 우리도 기이한 존재가 되자. 그리고 타인이 그렇게 기묘할 수밖에 없다고 해도 그들을 비난하지 말자! 그리고 결과가 사악하고 위험한 것이 될지라도 우리는 생성하고 있는 자에 대한 외경심이라는 측면에서, 판사와 사형집행인도 임신부에게 손대지 못하게 하는 세상의 정의에 뒤처지지 않도록 하자!"[23] 하지만 세상의 정의에 뒤처지지 않는 철학자, 이 절대적 면책의 권리를 요구할 수 있는 철학자가 몇이나 될까.

23 《서광》, 552절.

2

가장 높은 곳에서 가장 깊은 곳까지

철학자 내지 사상가로서 우리는 인식에 대한 열정을 가진 이들이다. 인식하는 자로서 우리는 '인식'에서 행복을 발견한다. "플라톤과 아리스토텔레스처럼 근본적으로 다른 두 사람이, 그들 자신이나 인간뿐 아니라 궁극적인 지복을 누리고 있는 신들에 대해서조차 무엇이 최고의 행복인지에 대한 견해에서는 일치했다. 그들은 그것을 인식에서…… 발견했다."[24]

24 《서광》, 550절.

그러나 우리가 '행복'을 위해서 인식하는 것은 아니다. '행복감'은 우리를 휘감곤 하는 '인식충동'의 만족에서 오는 포만감이다. 인식충동은 오히려 '행복'을 포기함으로써 '만족'을 얻게 된다고 판단될 때 기꺼이 그 행복을 내던진다. 우리가 '야만 상태'로 복귀하기를 거부하는 것은 우리가 야만인들보다 행복한 상태에 있기 때문이 아니다. 우리는 '덜 행복한 상

태'를 두려워하는 게 아니라 무지하고 미개한 상태를 혐오하
는 것이다. "우리는 인식 없는 행복이나 강하고 확고한 망상
의 행복…… 그러한 상태를 상상하는 것만으로도 고통을 느

25 《서광》, 429절.

낀다!"[25] 인식충동은 심지어 세계의 희생까지 요구할 수도 있
다. "우리 모두는 인식의 후퇴보다는 차라리 인류의 몰락을 원

26 《서광》, 429절.

한다!"[26]

진리가 살을 베어내지 않는 한

따라서 '인식충동'은 우리의 커다란 위험임이 분명하다. 하지
만 '그럼에도 불구하고' 그것은 또한 인류 개선의 커다란 가능
성이기도 하다. 특히 정직이라는 '가장 젊은 덕', '생성 중에 있

27 《서광》, 456절.

는 덕'을 갖출 경우[27]※ 우리는 낡은 가치들의 몰락과 전도에 이
를 수도 있을 것이다. 우리는 더 진지해질 필요가 있을지도 모
르겠다. 진지한 사상가로서 우리에 대한 인식의 요구는 우리가
흔히 만나게 되는 그런 학자나 연구자의 태도와는 완전히 다른

29 《서광》, 460절.

것이다. 우리 학자들은 너무나 안온한 상태에서 연구를 한다.[29]
"어떤 사람은 도락道樂으로, 어떤 사람은 심심해서, 어떤 사람
은 습관적으로 인간을 연구한다. 그 어느 경우에도 '인식하라,

※　　"정직성은 가장 최근의 덕들 중 하나이며 아직 덜 성숙했으며 자주 혼동되거
나 오해되고 있으며, 자기 자신을 거의 의식하지 못하고 있다. 그것은 우리의 감각

28 《서광》, 456절.

상태에 따라 우리가 촉진하거나 저지할 수 있는, 생성 중에 있는 어떤 것이다."[28]

그렇지 않으면 너는 파멸하리라!'라는 식이 아니다." "진리가 칼로 우리의 살을 베어내지 않는 한"[30] 아마도 이것은 고쳐지지 않을지도 모른다.

'진리가 칼로 살을 베어내지 않았다'는 것, 그런 체험이 없다는 것, 이는 학자들이 만들어낸 진리들이 '보잘것없는' 이유이다(학자들 스스로가 그 진리들에 대해 그리 대단하게 생각지 않는다). "그대들은 이 모든 것을 알고 있다. 그러나 그대들은 그것을 체험하지 않았다. 나는 그대들의 증언을 수용하지 않는다. 이 '보잘것없는 진리들'!—이 진리들이 그대들에게 대단치 않게 생각되는 것은 그것들을 위해 그대들이 피로 대가를 치르지 않았기 때문이다." "그대들은 얼마나 피에 인색한지!"[31]※

기꺼이 자기의 존재 변형을 감내하려 하지 않는 진리의 추구는 기껏해야 자기 몸을 가리고 치장하는 지식을 늘릴 뿐이다. 그것은 하나의 위장이고 과장이다. "그대들은 그대들의 내면에서 역사를, 큰 동요를, 지진을, 오랫동안 지속되는 큰 슬픔을, 섬광 같은 행복을 체험했는가? 그대들은 크고 작은 바보들과 함께 바보로 존재한 적이 있는가? 그대들은 선량한 인간들의 광기와 아픔을 정말 체험했는가? 그리고 최악의 인간들의 아픔과 행복을 체험했는가? 그렇다면 내게 도덕에 대해 말해도 좋다. 그렇지 않다면 말하지 말라!"[33]

※　이 구절은 《차라투스트라》의 다음 문장을 떠올리게 한다. "모든 글 중에서 누군가가 그 자신의 피로 쓴 것만을 나는 사랑한다."[32]

철학에 피로가 찾아드는 시간

앞서 우리는 인간 인식의 최종 장애물이 '인간 자신'이라는 니체의 주장을 살펴보았다. "사람들에게는 인간을 중심으로 세계의 모든 것에 질서가 잡힌 것처럼 보였으므로, 사람들은 사물들의 인식 가능성조차 인간의 시간 단위를 척도로 질서가 잡혀 있다고 믿었다."[34] 즉 우리는 70년 정도의 짧은 생애에 영원한 진리를 깨닫는 것이 가능하다는 망상을 할 정도가 되었다. 그리고 사상가들은 '세계의 수수께끼 해결자'라는 꿈과 명예를 뒤쫓는 이들이 되었다. 우리에게 새로운 인식이 가능하려면 우리 감각의 폭이 훨씬 더 높고 넓은 것이 되어야 한다. 우리는 한 뼘도 안 되는 경험 안에서 판단하는 이들이 아닌가. "위대한 정신들조차 오직 그들의 다섯 손가락 넓이만큼의 경험을 가질 뿐이다. 바로 그 옆에서 그들의 생각은 멈춘다. 그다음에는 그들의 무한히 텅 빈 공간과 어리석음이 시작된다."[35] 그리고 무엇보다도 '세계의 중심'에 인간을 두는 망상에서 벗어나야 한다. "미래 사상의 문에는 '나는 중요하지 않다!'Was liegt an mir! 라고 씌어 있다."[36]

이런 망상에서 벗어난 뒤에도 인식하는 자들에게는 하나의 장애물이 남는데 그것은 바로 '피로'이다. 피로는 '정신의 비행사'의 날개를 짓누른다. 피로의 지배를 받을 때 우리의 '인식충동'은 '안식충동'으로 뒤바뀐다. 우리는 쉽게 체념하거나 함부로 판단한다. 그러나 체념이란 무엇인가? 병자들은 마치 그것에 이르기 위해 오랫동안 고통 속에서 뒤척였던 것처럼, 체념

34 《서광》, 547절.

35 《서광》, 564절.

36 《서광》, 547절.

을 발견하고는 편안해져버린다.[37] 그런데 그것이 바로 그의 피로와 병을 말해준다. 니체가 헤겔의 철학하는 시간에 대해 갖는 우려도 그것이다. '황혼에 날개를 펴는 미네르바'에서 철학의 시간을 발견했던 헤겔과는 반대로, 니체는 "저녁에 낮에 대해 판단하는 것은 현명한 일이 아니"라고 말한다.[38] 저녁은 피로가 몰려오는 시간이기 때문이다. 피로가 판관이 되어서는 안 된다.

"이와 마찬가지로 노년과 노년에 이르러 인생을 판단하는 것에는 최고의 신중함이 요구된다. 특히 노년은 저녁과 마찬가지로 새롭고 매력적인 도덕으로 변장하기를 좋아하며 저녁놀, 황혼, 평화로운 고요함이나 동경으로 가득 찬 고요함에 의해 낮으로 하여금 부끄러움을 느끼게 할 수 있기 때문이다." 노년에 우리는 "이제야 비로소 통찰력을 갖게 된 것처럼 자신의 인생의 업적과 역정에 대한 판단을 내리는 일이 드물지 않다." 그러나 이 배후에는 "지혜가 아니라 피로가 존재한다."[39]

정신의 노쇠함에 빠진 현자들은 자신에게 예외적 지위를 쉽게 허용한다. 그는 "이제 사태들을 보다 가볍게 취급하고 증명하지 않은 채 (스스로를) 천재로 선포하는 것이 허용된다고 여긴다." 그러고는 외견상으로는 과거 자기 사상의 문제들을 고치면서 자기 업적을 넘어서는 것처럼 보이지만, 실제로는 자신과 사람들의 입맛에 맞지 않는 부분들을 숨아내고 자기 사상을 향유하려고 한다. 이제는 더 나아가기보다 적당히 즐기며 쉬고 싶은 것이다. 그는 사람들로부터 멀어지는 고독, "앞으로 날아가는 모든 정신이 살고 있는 저 무서운 고독"을 더 이상 견디

37 《서광》, 518절.

38 《서광》, 542절.

39 《서광》, 542절.

지 못한다. 그래서 그는 자신에 대한 "확고한 당원, 회의하지 않는 동지, 지원군, 전령, 화려한 행렬"을 열망하고, 자신이 "경외, 공동체, 감동, 사랑의 대상"으로 남기를 바란다. 그래서 그는 "자신의 이름을 내건 제도화된 기관을 세우려 하며 더 이상 사상의 건축물을 세우려 하지 않는다." 이 '위대한 노인'이 원하는 것은 한마디로 "하나의 사원이다." 그는 사유의 격랑이 되느니 그것을 막는 "방파제로 영구히 남으려 한다." 그러나 사상가는 그렇게 함으로써, 다시 말해 "자신을 성인의 명부에 올림으로써", "자신의 사망증명서도 발급"하는 것이다.[40]

40 《서광》, 542절.

사상가의 등급

진정으로 사상가, 철학자가 된다는 것은 모든 신성한 것, 모든 우상, 모든 사원의 파괴자가 되는 것을 의미한다. 우상은 그것이 나 자신인 경우에도 파괴의 대상이며 신전은 나 자신을 추앙하기 위한 경우에도 건립되어서는 안 된다("경우에 따라 자신의 미덕에서 도망칠 줄 모르는 사람은 사상가라고 할 만한 가치가 없다!").[41] 그것이 사상가이다. 그는 신성한 것의 저 밑바닥조차 뚫고 나가기를 주저하지 않는 사람이다.

41 《서광》, 510절.

'등급'Randordnung이라는 제목을 단 446절의 아포리즘은 매우 시사적이다. 내 생각에 이 아포리즘은 서문에서 시작해 책 전체를 가로지르는 사유의 운동을 보여준다. 니체가 말하는 계보학자, 철학자, 사상가가 수행하는 전복의 성격을 아주 잘 보여준다. 아포리즘 전체를 인용하면 다음과 같다. "등급—첫 번째로 피상적인 사상가oberflächliche Denker가 있다. 두 번째로 심오한 사상가tiefe Denker, 즉 사태의 심층으로 들어가는 이들이 있다. 세 번째로 철저한 사상가gründliche Denker가 있는데, 이들은 사태의 바닥[근거Grund]까지 내려가는 사람들이다—이는 심층Tiefe에 내려가는 것보다 훨씬 더 가치가 있다! 마지막으로 머리를 진흙에 처박는 사상가들이 있다: 이는 깊이[심층Tiefe]나 철저함[근거성Gründlichkeit]의 표시Zeichen로 간주되어서는 안 된다. 그들은 사랑스러운 지하인들Untergründlichen이다."[42] 요컨대 니체는 사상가들을 피상적인 사상가(표면), 심오한 사상가(심층), 철저한 사상가(근거, 바닥), 지하의 사상가(지하)로 위계 지었다.

[42] 《서광》, 446절.

문제는 이 가운데 '지하의 사상가'를 어떻게 이해할 것인가에 있다. 특히 이들을 '깊이'나 '철저함'으로 파악해서는 안 된다는 말이 하나의 관건이다. 이들은 언뜻 '깊이'나 '철저함'이 없는 조잡한 사상들로 보인다. 독일어 문장 자체는 복잡하지 않지만 역시 문제는 해석이다. 번역 역시 하나의 해석임을 염두에 둔다면, 다른 번역본들은 하나의 참조할 만한 해석일 수 있다. 한 오래된 영역본은 마지막 문장을 이렇게 옮겼다.[43] "이들은 모호함을 사랑하는 사람들이다these are the lovers of obscurity." 'obscurity'라는 단어는 '모호함'이라는 의미도 있고 '어둠'과

[43] *The Dawn of Day* (Translated by John McFarland Kennedy), The MacMillan Company, 1911.

※　　영역자는 여기에 주석을 달아 니체가 독일어로 보인 대구, 즉 'gründlich'와 'Untergründlichen'를 영어로는 표현할 수 없었다고 적었다.

44 *Daybreak: Thoughts on the Prejudices of Morality*, Edited by MaudeMarie Clark, Brian Leiter, Cambridge University Press; 2 edition (November 13, 1997).

45 《서광》, 서문, 1절.

46 《서광》, 서문, 2절.

47 *Aurore, Réflexions sur les préjugés moraux*(Traduction par Henri Albert), Mercure de France, 1901.

48 《서광》, 358절.

'망각'의 의미도 있는데, 어떻든 지하의 사상가들을 매우 신비한 어떤 존재로 그려버렸다. 비교적 최근에 나온 영역본에서는 원문을 좀 더 그대로 옮기려고 노력하면서 '지하'라는 말을 사용했다.**44** "그들은 사랑스러운, 지하의 망자들이다"They are the dear departed underground. 아마도 '지하'Untergrund를 '하계', 즉 망자들의 세계로 이해했기 때문일 것이다. 'departed'라는 말은, 세상을 떠났다(하직했다)는 뜻을 담고 있다.

그러나 나는 우리가 이미 《서광》 서문에서 이 '지하인'을 만났다고 생각한다. 나는 니체가 서문에서 자신을 묘사한 말, '지하에서 작업하고 있는 한 사람'**45**이 바로 '사랑스러운 지하인'이 아닐까 생각한다. "나는 깊은 곳으로 내려갔고 바닥에 구멍을 뚫었으며ich bohrte in den Grund, 우리 철학자들이 수천 년 동안 신봉해온 낡은 신념을 조사하고 파고들기 시작했다."**46** 근거까지 내려가 바닥Grund에 구멍을 뚫는 사람, 나는 그것이 446절에서 말한 네 번째 사상가의 형상이라고 생각한다. 이 형상에 좀 더 가깝게 446절의 해당 문장을 번역한 것은 어느 오래된 불역본이다.**47** "이들은 바닥의 훌륭한 굴착가들이다"Ce sont ces bons fouilleurs de bas-fonds.

바닥을 뚫고 들어간다는 것은 더 아래에 있는 바닥에 도달한다는 것이 아니다. 그것은, 니체가 358절 제목에 쓴 표현을 이용하자면, '근거들의 무근거성'**48**에 도달하는 것이다. 네 번째 사상가는 첫 번째 사상가부터 세 번째 사상가까지 그들이 전제하고 있었거나 도달하고자 했던 '거기'가 존재하지 않는다는 것을 깨달은 사람이다. 플라톤과 쇼펜하우어를 동시에 문제 삼는 니체의 다음 말을 들어보라. "'변증법은 신적인 존재와 현상들의 장막의 배후에 도달하기 위한 유일한 길이다.' 쇼펜하우어가 변증법에 정반대되는 것에 대해 주장하는 것처럼 플라톤은 엄숙하고 열정적으로 이렇게 주장한다. 그러나 두 사람모두 틀렸다. 왜냐하면 그들은 거기에 이르는 길을 보여주려고하나 그 '거기'는 존재하지 않기 때문이다."[49]

49 《서광》, 474절.

이로써 우리는 왜 네 번째 사상가들이 '깊이'나 '근거'의 표시로 간주될 수 없는지를 이해할 수 있다. 세 번째 사상가는 '깊이'를 따라 구분되었지만 이 네 번째 사상가는 '깊이' 자체를 전복시켰기 때문이다. 그것은 이들이 '피상적인' 사상가들이라는 뜻이 아니라 '가장 높은 곳'에서 '가장 깊은 곳'까지 자유롭게 움직일 수 있다는 점에서, 더 이상 깊이의 제약을 받지않는다는 점에서 그렇다. 마치 투키디데스가 각각의 인물이나사건에서 전형을 발견했듯이, 네 번째 사상가는 모든 높이에서각 시각이 갖고 있는 독특성을 이해한다.

이는 제1장에서 우리가 니체의 '건강'과 '병'에 대해 말한 것과도 통한다. 니체는 가장 높은 곳에서 가장 깊은 곳까지를 오가면서, 시각을 전도시킬 줄 알았다. 그가 '병을 앓을 때조차병적이지 않았던' 이유가 거기에 있다. 이 이동성을 상실한 순간 니체는 다른 등급의 사상가로 귀착하거나 사상가이기를 그만두게 된다. "허물을 벗을 수 없는 뱀은 파멸한다. 의견을 바꾸는 것을 방해받는 정신들도 마찬가지다. 그들은 정신이기를그친다."[50]

50 《서광》, 573절.

진리의 전제적 지배에 반대하여

니체적 비판을 통해 '깊이'가 전복되고 '근거의 무근거성'이 드러나면 그동안 근거에 의해 배제되던 모든 것이 복원된다. '악인'조차 자신의 덕에 기초에 존재의 무구함을 인정받는다. 투키디데스가 자신의 마음에 들지 않는 인간, 자신에게 고통을 준 인간에게도 하나의 전형, 하나의 좋은 이성을 발견해냈던 것처럼 말이다.[51] '긍정'이란 나쁜 점을 그대로 감내하는 일이 아니다. 예컨대 '병'을 앓으며 스스로 '아프지 않다'고 허위 긍정을 하는 것이 아니라, 그 상태에서도 자신이 아프지 않았을 때 몰랐던 삶에 대한 통찰을 얻어내는 것, 그것이 '병을 앓을 때조차 병적이지 않은' 방식이다. 만약 그렇지 않다면 이때의 '긍정'은 루쉰 소설의 주인공 '아Q'의 '정신승리법'이거나《차라투스트라》에 나오는 낙타 식 '허위 긍정'에 지나지 않을 것이다. 477절에서 니체는 두 사람의 대화 형식을 빌려 이렇게 말한다. "나는 자주 벌레처럼 일하고 파고들어야 했지만 벌레가 되지는 않았어./자네는 정말로 더 이상은 회의가가 아니군. 왜냐하면 자네는 부정하기 때문이야./그리고 부정하는 것과 함께 다시 긍정하는 것을 배웠네."

다양한 건강 상태에서 다양한 통찰을 얻어낼 수 있는 사상가라면, 그리고 자신과 화해할 수 없는 이들에게조차 하나의 '좋은 이성'을 발견해내는 사상가라면, 진리의 조건이 '다양성'에 있음을 인정할 것이다. 정치만이 아니라 철학도 사상도 '아곤' agon(경쟁)을 전제 조건으로 한다. '아곤'은 초월적인 것의 지

51 《서광》, 168절.

배, 어떤 '참된 진리'의 전제적 지배에 반대되는 것이다(이것이 바로 니체적 민주주의이다. 허위, 오류, 부당성의 지배에 반대하는 것을 넘어, 참된 것의 지배일 때조차, 훌륭한 엘리트의 지배일 때조차, 그것이 전제적인 경우에는 거부해야 한다). 니체는 우리 모두의 의견이 일치해 어떤 것을 '참된 것'으로 간주할 때조차 '참된 것의 전제적 지배'die Tyrannei des Wahren에 반대해야 한다고 주장한다.[52] "내게는 이미 진리가 큰 힘을 갖고 있는 것만으로 충분하다. 그러나 진리는 싸울 수 있어야 하고 적대 세력을 갖고 있어야 한다." 그는 심지어 "때때로 진리에서 벗어나 비진리에서 원기를 회복할 수 있어야 한다. 그렇지 않으면 우리에게 진리는 지루하고 무력하며 무미건조한 것이 된다"고 말하고 있다.[53] '진리'를 위해서도 다양한 '진리들'이 필요하며, '진리'를 위해서도 '비진리'가 필요하다.

그러므로 사상가는 자신의 사상을 위해서도 훌륭한 적이 필요함을 깨닫는다. "완전한 현인은 자기도 모르게 적을 이상적으로 만들고 적의 모순을 모든 오점과 우연에서 벗어나게 한다. 이를 통해 그의 적이 빛을 발하는 무기를 가진 신이 되었을 경우에야 비로소 그는 적과 싸운다."[54] 그는 친구에게도 '적이 됨'을 두려워할 필요가 없다고 했다. 오히려 "비록 지상에서는 적일 수밖에 없더라도" "서로 다른 길과 목표라는 항로"를 지닌 두 적의 배로서 각자의 항로를 개척해간다면, 우리가 보고 떠나는 하늘의 별들이 조화롭듯이 '별들의 우정'을 갖게 될 것이라고 했다.[55]

52 《서광》, 507절.

53 《서광》, 507절.

54 《서광》, 431절.

55 《즐거운 지식》, 279절.

3

위대한 사상가는 소박한 것을 대변한다

저 깊은 지하에서, 저 칠흑 같은 밤에서, 그리고 도덕과의 저 치열한 전투에서 돌아온 사상가, 그의 눈은 충혈되었지만 표정은 한없이 부드럽다. 모든 근거들이 몰락한 곳, 근거들의 저 아래까지 가본 이들은 자신을 무언가로 치장할 필요를 굳이 느끼지 않는다. 오히려 "우리가 무엇에 정통한 경우 우리는 겸손해지고 행복감을 느끼며 독창적이 된다. 우리가 충분히 배우고 우리의 눈과 귀를 충분히 연 경우 언제든 우리의 영혼은 더욱 유연하고 우아하게 된다." 그러나 우리가 무언가를 파악하지 못하고 제대로 배우지도 못한 경우, "우리의 무지와 빈약한 지식욕은 자신을 위엄과 캐릭터로 가장하며 거만하게 걷는 법에 정통하다."[56]

56 《서광》, 565절.

위대한 사상가들은 적은 비용으로 검소하게 산다.* 빈궁하게 살기를 원해서가 아니다. 바로 '가치의 전도' 때문이다. 그들은 세상 사람들이 비싸게 치는 것들에서 가치 있는 것을 발견하지 못한다. 그 대신 사람들이 내다 버리는 것들 속에서 귀중한 것을 발견한다. 한마디로 그들은 저렴한 비용으로 풍족한 삶을 사는 것이다. "그는 다른 사람들이 경시하고 방기하는 사물들을 가장 많이 필요로 하기 때문이다. 그리고 그는 쉽게 기뻐하며 돈이 많이 드는 향락 수단도 알지 못하기 때문이다." 먹을 만큼 먹고, 정신이 차분해지고 강력해지고 밝아질 정도만 먹고, "자신의 고독을 좀 더 사랑스럽게 포용하기 위한 사고 외에는 어떤 사고도 필요로 하지 않는다. 그는 살아 있는 자들 대신 죽은 자들과 사귄다."[58] 위대한 풍경화가는 "소박한 풍경"으로 충분하지만, "주목할 만하고 희귀한 풍경은 시시한 풍경

58 《서광》, 566절.

※   하나의 예로서 '에픽테토스적 인간'을 생각해볼 수 있다. 니체는 546절의 아포리즘에서 '확장을 열망하는 이상주의자들'에 대비된 형상으로서 '에픽테토스적 인간'을 제시한다. "그의 본성의 지속적인 긴장, 지칠 줄 모르고 내면으로 향하는 시선. 그 눈이 일단 외부세계로 향할 경우 그 눈의 닫혀 있음. 신중함, 자신을 알리지 않음, 더 나아가 침묵 혹은 짧막한 말. 이 모든 것이 가장 엄격한 용기의 징표들이다." "에픽테토스적 인간은 광신적이지 않다. 그는 우리의 이상주의자들의 과시와 허풍을 혐오한다. 그의 자부심은 아무리 커도 다른 사람들을 방해하려 하지 않고, 일정 정도의 부드러운 접근을 허용하며 다른 사람의 좋은 기분을 망치기를 원하지 않는다. 그렇다. 그는 미소를 지을 수 있다." "그의 가장 큰 미덕은 신에 대한 불안이 전혀 없다는 것이고, 그가 이성을 철저하게 신봉한다는 것이며, 그가 참회를 권유하는 사람이 아니라는 것이다." 그는 노예였지만 기독교가 대변하는 '대다수의 노예'와는 전혀 달랐다. 에픽테토스적 인간은 기독교인처럼 '희망' 속에서, 어떤 위안 속에서 살지 않는다. 그들은 최상의 것을 누군가에게 받지 않으며, 그 자신들이 이미 가지고 있다. "세계가 그에게서 그것을 빼앗으려 할 때 그는 세계 전체와도 싸운다."[57]

57 《서광》, 546절.

59 《서광》, 434절.

화가들"의 몫이다. "위대한 사람은 소박한 사물을 대변한다."[59]

우리는 노년에 자신의 신전을 건설하고자 하는 명예욕과 피로감으로 가득한 철학자와 대비되는, 위대한 철학자의 형상을 제5권의 여러 군데에서 발견할 수 있다. 그는 위대한 철학자의 형상을 이렇게 묘사한다. "불 속에 넣었다가 적시에 꺼낸 밤처럼 부드럽고 맛있고 영양이 풍부해진 사람들."[60] 타는 불 위의

60 《서광》, 482절.

'쓰라린 고통'이 사람을 성숙하게 한다는 걸 이해하는 '숭고한 식인종들'***은 자신의 깨달음을 자신의 고생에 대한 당연한 대가가 아니라 "새와 벌이 그들에게 선사한 것"으로 간주한다. "자신이 보수를 받았다고 느끼기에는 자신에 대한 긍지가 너무 강한 사람들을! 그리고 인식과 성실함의 정열이 너무 진지해서 명성을 추구할 시간도 생각도 없는 사람들을! 이런 사람들을 우리는 철학자라고 부를 것이다. 그리고 그들 자신은 보다 겸손한 이름을 변함없이 발견할 것이다."[62]

62 《서광》, 482절.

겸손함 때문에 이들은 좀처럼 세상에 자신을 드러내지 않는다. 사람들이 소란스럽게 모여드는 곳에서도 그는 "왔다가 날아가버리고 부리에 아무런 명패도 달지 않은 새처럼" 산다.[63] "유명하지 않은 인물로서 사람들에게 이야기해도 된다는 것이 얼마나 큰 이점"인지 아는 사람들.[64] 좀처럼 절제력을 잃지 않

63 《서광》, 470절.

64 《서광》, 466절.

*** "'시뻘겋게 타고 있는 석탄 위에 1분 동안 올려놓고 약간 태우는 것은 인간에게든 밤에게든 아무런 해가 되지 않는다! 이러한 약간의 쓰라림과 곤경을 통해서만 우리는 그 핵심이 얼마나 달콤하고 부드러운지 맛볼 수 있다.' 그렇다! 그대들, 향락가들은 그렇게 판단한다! 그대들 숭고한 식인종이여!"[61]

61 《서광》, 402절.

고, "절제를 잃으니 침묵을 택하는 사람들." "인정받으려 하지 않고 모래에 찍힌 자신의 발자국을 거듭해서 지우고, …… 저 불편하지만 흔히 너무나 좋은 본성을 가진 사람들."⁶⁵ "주고 베풀되 자신의 이름과 호의를 감추"는, "아니면 〔우리에게 끊임없이 베푸는〕 자연처럼 어떤 이름도 갖지" 않는 이들.[66]

65 《서광》, 527절.

66 《서광》, 464절.

니체는 자신의 정신적 집과 재산을 선사할 수 있는 '고해신부'를 상상하기도 한다.[67] 나는 너무나 아름다운 '철학자─교육자'의 형상을 여기서 발견했다. 니체는 "다른 사람에게 자신의 사상을 강요하는 것은 혐오스러운 일"이라 전제하고, 오히려 다른 이의 사상에 압도되는 것 그리고 그때 일어난 은밀한 변화를 기뻐한다고 말한 뒤, 그럼에도 '정신이 궁핍한 이들'에게 사상을 전한다면 어떤 형상일 수 있는지를 이렇게 말한다. 정신이 궁핍한 사람들이 찾아올 경우 그들의 손과 마음을 충만하게 해주고 불안한 혼을 달래주는 존재. 그러나 어떤 명성도 감사도 받기를 원치 않는 존재.

67 《서광》, 449절.

이름도 없고 자칫하면 경멸당하면서 살아갈 것. 시기나 적의를 불러일으키기에는 너무나 비천할 것. 이른바 정신이 가난한 사람들을 맑은 머리와 한 줌의 지식과 한 자루에 가득 찬 경험으로 도울 것. 여러 의견에 의해 뒤죽박죽된 머리를 가진 이런저런 사람들을 누가 도왔는지도 알아차리지 못하게 도울 것! 이런 사람들에 대해 권리를 주장하거나 승리를 축하하려 들지 말고, 오히려 그들이 눈에 띄지 않는 약간의 암시나 반박 후에 올바른 것을 스스로 말한 뒤 이에 대해 긍지를 갖고 앞으로 나아가도록 그들에게 말할 것! 궁핍한 사람을 내쫓지는 않지만 나중에는 잊히거나 조소를 받는 싸구려 여관처럼 존재할 것! 아무런 특권도 갖지 않고, 더 좋은 음식이나 더 맑은 공기나 더 기쁜 정신도 갖지 않고, 오히려 주고 돌려주고 나누고 보다 가난해질 것! 많은 사람이 접하기 쉽고 어느 누구도 굴욕감을 느끼지 않도록 비천해질 수 있을 것! 숨어 있는 많은 혼의 은밀한 길들을 통해 그 혼들에 도달하기 위해 많은 부당함을 감수하고 모든 종류의 오류의 벌레 구멍으로 기어갈 것! 항상 일종의 사랑 가운데 존재하고 항상 이기심과 자기향락 가운데 존재할 것! 끊임없이 우아함이라는 태양과 부드러움 속에 누워 있고 숭고한 것으로 통하는 계단이 가까이 있다는 사실을 알 것! 이것이 바로 인생이리라! 이러한 인생이라면 오래 살 필요가 있다![68]

68 《서광》, 449절.

4

서서히 그러나 끝까지 가라

위대한 풍경화가가 소박한 풍경에서 중요한 것을 표현하듯, 위
대한 사상가는 소박한 것에서 중요한 것을 발견한다. 소박하다
는 것은 한편으로 그의 겸손함을 말해주지만 다른 한편으로는
진정 중요한 것이 소박한 것에 있음을 말해주기도 한다. 우리
의 병은 어떻게 치유되어야 하는가. 니체는 그것을 "단번에",
"성급하고 폭력적으로" 성취하려 해서는 안 된다고 경고한
다.[69] 사람들은 사소하고 작은 문제들과 시험들을 무시하고 지
름길을 원한다.[70] 그러나 한 번 믿음을 주는 것으로 영생을 약
속하는 기독교처럼 그런 지름길은 우리를 속인다.

   니체는 '대혁명'을, 지름길을 통한 질병의 치료에 비유하기
도 했다. "가치평가를 크게 변화시키는 최근의 실험, 그리고
정치 영역에서 나타나는 그러한 실험—'대혁명'—은 비장하면

[69] 《서광》, 534절.

[70] 《서광》, 547절.

서도 피투성이의 엉터리 치료 이상의 것이 아니었다는 사실을. 이러한 엉터리 치료는 갑작스러운 위기를 통해 믿기 잘하는 유럽에 갑작스러운 치유에 대한 희망을 불러일으킬 수 있었다. 그리고 이와 함께 모든 정치적 병자들을 이 순간까지도 초조하고 위험하게 만들었다."[71]

그럼 결국 어떻게 해야 하는가. "〔병에 걸린 몸을〕 가능한 한 깊숙이 변화시키려면 우리는 약을 극소량으로 그러나 장기간에 걸쳐 지속적으로 복용해야 한다."[72] 천천히 가야 한다. 우리는 우회할 필요가 있다. "전체적인 사유의 진행은 무자비하며 대담해야" 하지만 "세부적인 면에서는 온화하고 유연해야 한다.""강이 흘러가는 도중에는 강과 숨바꼭질하며 섬, 나무, 동굴, 폭포로 짧은 목가牧歌를 짓는 장소들이 있다. 그러고 나서 그것은 다시 바위를 넘고 가장 단단한 암석도 뚫고 계속 흘러간다."[73] 우리는 침묵과 고독의 시간, 기다림의 시간을 겪어야 한다. "나는 나 자신을 기다려야 하지. 내 자아의 샘에서 물이 나올 때까지는 항상 시간이 걸리네. 그리고 자주, 내가 인내할 수 있는 것보다도 더 오래 갈증을 참아야만 하지. 이 때문에 나는 고독으로 들어간다네. 모든 사람을 위한 물통에서 물을 마시지 않기 위해."[74]

니체는 어쩌면 '철학' 자체가 하나의 우회로일 수 있다고 말한다. "부드러운 태양, 밝고 생동하는 대기, 남쪽의 식물, 바다의 숨결, 고기와 달걀과 과일로 이루어진 가벼운 식사, 뜨거운 음료수, 며칠 동안의 조용한 산책, 적은 말수, 드물지만 신중한 독서, 혼자 거주함, 청결하고 질박하며 거의 군인 같은 생활습

71 《서광》, 534절.

72 《서광》, 534절.

73 《서광》, 530절.

74 《서광》, 491절.

관, 요컨대 내 취미에 가장 적합하고 내게 가장 도움이 되는 모든 것들에 대한 충동." 이런 충동이 정신 혹은 이성으로 번역된 것이 '철학'이라는 것이다. 그러므로 "철학은 개인이 건강해지는 법에 대한 본능이 아닐까? 나의 대기, 나의 높이, 나의 기후, 나름대로의 건강을 두뇌라는 우회로를 통해 추구하려는 본능이 아닐까?"[75] 이것이 니체의 '철학하기'라고 할 수 있다. 흥미롭게도 니체는 '철학'을 하나의 '우회로'라고 불렀지만, 우리는 '철학'을 보는 시선, 즉 '철학의 외부'를 통해 철학을 이해했던 그의 철학—자신과 철학이 맺는 관계를 문제 삼았던 그의 철학이, 철학 자체를 또한 '우회'를 통해 이해하는 방식임을 이해할 수 있을 것이다.

75 《서광》, 553절.

우리는 천천히 일상을 바꾸어가야 한다. 건강한 삶에 대한 우리의 충동이 우회로로 나타난 것이 '철학'이라면, 위대한 철학이란 결국 일상의 삶을 가꾸고 서서히 변화시키는 것일 수밖에 없다. 따지고 보면 "우리의 능력이나 위대함 역시 단번에 무너진 것이 아니다. 그것은 끊임없이 잘게 부서져 내린다. 모든 것 속으로 들어가 자라고 어디에나 달라붙을 줄 아는 식물, 이것이 우리에게 있는 위대한 것을 파멸시킨다. 그것은 매일, 매시간 간과되고 있는 우리 주변의 비참함이며, 이런저런 작고 소심한 감각의 수천 개의 작은 뿌리가 되어 우리의 이웃, 직장, 교제, 일상의 일에서 자라난다. 우리가 이 잡초를 조심하지 않으면 알지 못하는 사이에 그것 때문에 몰락하게 된다."[76]

76 《서광》, 435절.

그러므로 만성화된 질환을 치료하기 위해서는 그만큼의 반대 활동이 필요할 것이다. 만성적 폐질환을 가진 사람은 "예전과는 반대로 수없이 호흡하면서 알지 못하는 사이에 다른 습관이 생기도록 하는 수밖에 없다. 예를 들어 매일 15분씩 강하고 깊게 호흡하는 것을 규칙으로 삼는 것이다." "이러한 모든 치료는 서서히 그리고 미세하게 행해진다. 자신의 영혼을 치유하려는 사람조차 가장 사소한 습관들을 고쳐야 한다."[77] 우리가 낫고자 한다면 우리는 우리 자신의 생활방식을 고쳐야 하며, 영혼도 예외일 수 없다. 위대한 사상은 스펙터클한 사건으로 우리를 찾아오지 않는다. 그것은 '비둘기 걸음'으로 우리가 알지 못하는 사이에, 꾸준한 기다림의 실천 속에서 조용히 찾아든다. 우리가 할 수 있는 최선의 것은 "우리 자신이 주인이 되어 작은 실험국가들을 건설하는 것"이다. "우리는 다양한 실험으로 존재한다. 그렇게 존재하도록 하자!"[78]

천천히 그러나 우리가 갈 수 있는 끝까지, 실험을 멈추지 말자. 물론 우리도 언젠가는 피로 때문에 멈춰 서게 될 것이고 사람들은 그곳을 우리의 끝이라 부를 것이다. 그러나 그것이 우리와 무슨 상관이 있는가. 우리는 인류의 모든 태양이 침몰했던 곳을 향해 가는 새들의 군단이고,[79] 우리 중 어떤 새는 분명 더 멀리 날아갈 것이다. 그것을 기대하는 것만으로도 웃음 지을 수 있지 않은가. 우리는 인류의 정신을 한 뼘이라도 더 멀리 데려가는 정신의 비행사이며, 한 뼘이라도 더 깊이 데려가는 정신의 광부이다. 창공과 대지에 소리 없이 그어진 선 하나, 그것이 우리의 존재이며 자부심이다. 어떤가. 이른 새벽, 맨 먼저 달려온 빛 알갱이들이 벌써부터 우리의 날개를 간지럽히고 있지 않은가.

77 《서광》, 462절.

78 《서광》, 453절.

79 《서광》, 575절.

언더그라운드 니체

천천히, 그러나 대담한 날갯짓으로 다시 시작하려는 이들을 위하여

지은이   고병권

※

2014년 2월 17일 초판 1쇄 발행
2017년 2월 13일 초판 3쇄 발행

※

책임편집   남미은
기획·편집   선완규·안혜련·홍보람·

※

펴낸이   선완규
펴낸곳   천년의상상
등록   2012년 2월 14일 제300-2012-27호
주소   (121-865) 서울시 마포구 동교로 45길 26 101호
전화   (02) 739-9377
팩스   (02) 739-9379
이메일   imagine1000@naver.com
블로그   blog.naver.com/imagine1000

※

ⓒ 고병권, 2014
본문사진 ⓒ 노순택

※

ISBN   978-89-968706-7-8 03100